DESPIERTE

Levántese A Su Asignación Divina

Por Sarah Wehrli

LO QUE OTROS DICEN ACERCA DE "DESPIERTE"

"!Despierte es un mensaje para el Cuerpo de Cristo. Dios quiere que despertemos de nuestro sueño a nuestro propósito y misión en esta tierra! La gente está esperando a que la iglesia viva vidas completamente despiertas. ¡Sarah es una voz profética a esta generación y vive el mensaje de este libro diariamente! Ella es una inspiración para todos nosotros."

> Christine Caine,
> Directora de Equip & Empower
> Ministries y fundadora de The A21 Campaign

"El libro Despierte: Levántese A Su Asignación Divina es genial y bendecirá a multitudes. Todo el mundo tiene una asignación que nadie más la puede hacer. Sarah a hecho la suya muy bien y estoy sumamente orgullosa de ella y Caleb. Ella ha logrado que su mamá y su papá se sienta muy orgullosos de ella."

> Dodie Osteen,
> Co-fundadora de Lakewood Church

"¡Despierte es un suspiro de aire fresco para el Cuerpo de Cristo! Disfruté tanto leer y ver el corazón de Sarah vertido en las páginas de este libro. Cada capítulo articula claramente una nueva manera en la que podemos ser despertados a las cosas de Dios y vivir una vida que es dirigida por el Reino y significativa para los que nos rodean. El capítulo acerca de como escuchar la voz de Dios y confiar en el Espíritu Santo le bendecirá y llevará su intimidad con Dios a un nuevo nivel. Este libro me bendijo y creo que todo el que lo lea será bendecido también."

> Dr. Wendy Treat
> Christian Faith Center
> Seattle, Washington

"Cuando leo el libro de Sarah, Despierte, me transporto al tiempo cuando era una niña pequeña y la cargaba en mis manos. Ahora al mirar lo que está en sus manos me doy cuenta que es espectacular. DESPIERTE: Levántese A Su Asignación Divina es para todo creyente. Necesitamos levantarnos, sacudirnos y movernos hacia delante con una unción especial y usar lo que está en nuestras manos. ¿Qué tiene en sus manos? ¿Qué hay en este libro para usted? Hay milagros en sus manos. Lea el libro, tome su tiempo, subraye, tome notas y permita que el Espíritu Santo le hable acerca de su asignación personal. Estoy muy orgullosa de Sarah y me maravillo al ver como Dios la usa de una manera preciosa alrededor del mundo."

>Dr. Marilyn Hickey,
>Presidenta de Marilyn Hickey Ministries

"Cuando Dios nos da un sueño, es para que podamos despertar el potencial dormido y la esperanza hibernada que está en nuestras vidas y en la vida de los que nos rodean. Sarah ha escrito un libro que le animará no solo a soñar sino a accionar. Ella lo ha ejemplificado bellamente en su propia jornada al comprometerse a despertar a la necesidad de aquellos que están cerca y lejos, permitiéndole a Dios que la interrumpa para que así ella pueda despertar a otros. Me siento honrada de llamar a Sarah amiga y estoy segura que su historia le inspirará a despertar a la suya."

>Charlotte Gambill,
>Abundant Life Center,
>Bradford UK

"¡En un mundo que está buscando significado en calles sin salidas, Sarah Wehrli despierta el deseo en el corazón de cada ser humano a remontarse a las alturas! Sus historias son conmovedoras y sencillas pero encierran poderosas verdades que nos retan a dejar ir el temor y a vivir la vida de nuestros sueños, llenas de Dios y de propósito."

>Lynette Lewis,
>Oradora y Consultora de Negocios
>Autora de Remember de Roses

"Dios está despertando verdaderamente a Sus hijas a través de los medios necesarios. Sarah ha tomado su sueño y lo ha traducido en una súplica urgente para que todos nosotros nos levantemos a nuestro destino. Lea sus palabras y empodérese."

Lisa Bevere, Autora y Oradora,
Messenger International

"Estoy tan emocionada por el libro nuevo de Sarah Wehrli, DESPIERTE: Levántese A Su Asignación Divina. En el libro, ella transmite una sabiduría y un conocimiento que sobrepasan sus años y estoy segura que provocará una pasión profunda dentro de usted para ejercer los propósitos de Dios."

"Yo he visto a Sarah crecer y he sido testigo de su despertar a la asignación divina de Dios en cada etapa de su vida. ¡Su fuerte devoción a Él y a Su trabajo es evidente para todo el que la conoce y las palabras que ella comparte ciertamente le van a inspirar!"

Tamara Graff, Co-Pastor
Faith Family Church, Victoria, Texas

"Si usted se ha preguntado alguna vez porqué está en la tierra en este tiempo, este libro le ayudará. No importa lo que haya sucedido en su vida, usted tiene mucho valor y Dios le necesita."

"Gente que usted ni conoce serán tocados por su vida cuando despierte al llamado de Dios y realice que Dios puede hacer cualquier cosa a través de un corazón rendido."

"Cada capítulo del libro de Sarah le inspirará y le motivará a creer y a obedecer a Dios."

Sharon Daugherty
Pastor General
Victory Christian Center, Tulsa OK

"Sarah y Caleb Wehrli son dos de los líderes más fuertes de la nueva generación en América. Sus vidas, su familia y ministerio son un ejemplo. Este poderoso libro de Sarah, Despierte, se trata de "alineamiento para su asignación." Ella está tocando la trompeta de acción, propósito y conquista. Mientras nuestra nación se desliza más y más en la inconsciencia y en el olvido, es tiempo que alguien diga, "¡Despierta!" Este libro puede hacer la diferencia en que su vida se desperdicie o se multiplique. Léalo, digiéralo y entiéndalo. "¡DESPIÉRTATE tú que duermes, y levántate de los muertos, y te alumbrará Cristo! (Efesios 5:14)"

> Larry Stockhill
> Pastor y Orador
> Bethany World Prayer Center

"Sarah Wehrli está particularmente preparada para escribir este libro. Desde el comienzo de sus memorias, ella y su familia se han estado elevando a alturas que muchos nunca llegarán – no porque no hayan enfrentado obstáculos, sino porque ellos escogieron mirar más allá de esos obstáculos y enfocarse en Jesús y en lo que Él les había llamado a hacer.

Desde la primera página de Despierte, Sarah atrae al lector con su candor y autenticidad, mientras relata un tiempo difícil cuando Dios la llamó a levantarse por encima del dolor y la pérdida en su propia vida, para volar aún más alto. Luego nos convoca a levantarnos y a responder al reto del mismo Jesús, para que de la misma forma, nosotros también, podamos volar a lugares que todavía no hemos alcanzado en el Señor. Este libro es fácil de leer. Cada palabra está saturada de fuerza. ¡Usted será un mejor cristiano al leer este libro, especialmente si lleva al corazón el mensaje y "despierta" a lo que Dios le está diciendo!"

> Rick Renner
> Maestro, Autor y Pastor General
> Moscow Good News Church

DESPIERTE

Levántese A Su Asignación Divina

DESPIERTE: Levántese A Su Asignación Divina
© 2013 Por Sarah Wehrli
ISBN: 978-160683-954-6
www.inspireintl.com

Los textos bíblicos indicado con AMP fueron tomados y traducidos liretalmente de The Amplified Bible. Old Testament copyright © 1965, 1987 by Zondervan Corporation,
Grand Rapids, Michigan. New Testament copyright © 1958, 1987 by The Lockman Foundation, La Habra, California. Usado con permiso.
Los textos bíblicos indicados con MSG fueron tomados y traducidos literalmente de The Message. ©1993, 1994, 1995, 1996, 2000, 2001, 2002 by Eugene H. Peterson. Usado con permiso de NavPress Publishing Group.
Los textos bíblicos indicados con «NTV» han sido tomados de la Santa Biblia, Nueva Traducción Viviente, © Tyndale House Foundation, 2010. Usado con permiso de Tyndale House Publishers, Inc., 351 Executive Dr., Carol Stream, IL 60188, Estados Unidos de América. Todos los derechos reservados.
Los textos bíblicos indicados con «NVI» han sido tomados de La Santa Biblia, Nueva Versión Internacional® NVI® Copyright © 1999 by Biblica, Inc.® Usado con permiso.
Todos los derechos reservados alrededor del mundo.
El texto Bíblico ha sido tomado de la versión Reina-Valera © 1960 Sociedades Bíblicas en América Latina; © renovado 1988 Sociedades Bíblicas Unidas. Utilizado con permiso. Reina-Valera 1960™ es una marca registrada de la American Bible Society, y puede ser usada solamente bajo licencia.
El texto marcado Amplified Bible fue traducido literalmente de Amplified® Bible, Copyright © 1954, 1958, 1962, 1964, 1965, 1987 by The Lockman Foundation Used by permission.
www.Lockman.org

Traducido por : Chaney García
Diseño gráfico y tipografía : Rachael Ervin

Publicado por Harrison House Publishers

Tulsa, OK 74145

www.harrisonhouse.com

Todos los derechos son reservados bajo la Ley Internacional de Derechos. Nada del contenido y/o portada de este libro puede ser reproducido, ni en partes o completo sin el consentimiento escrito del publicador.

CONTENIDO

Reconocimientos 11

1. Despierte 13

2. Levántese 21

3. El Tesoro Más Grande 37

4. Armados y Peligrosos 47

5. Sacúdase 57

6. Refrescados y Floreciendo 65

7. Una Vida de Amor 75

8. ¿Que Tiene en Su Mano? 85

9. Hay que Estirarse 93

10. Viaje con Poco Equipaje 107

11. Gozo en el Viaje 117

12. Continúe 131

RECONOCIMIENTOS

Quiero agradecer a mi Señor y Salvador Jesucristo por despertar mi corazón para conocerlo. Él es mi fuente y la razón por la cual he escrito este libro.

A mi esposo y mejor amigo Caleb, gracias por tu amor constante y ánimo para completar mi asignación. ¡Estoy agradecida de poder compartir esta aventura contigo!

A mis hijos Isaac y Elizabeth, ustedes son una delicia y un gran gozo en mi vida. ¡Me emociona ver las respectivas asignaciones de Dios desarrollarse en sus vidas!

A Andrea Graff, gracias por todo lo que has hecho para ayudarme en el proceso de editar. ¡Eres una joven talentosa y sé que tu futuro es brillante!

A Carol Worley, gracias por tus ideas y apoyo en el proceso de escribir.

A Laura Straub, aprecio tu apoyo y ánimo cuando estaba en el proceso de escribir.

A Julie Werner, Christian Phus, Troy y Joyce Wormell y a todo el equipo de Harrison House Publishers. Gracias por creer en el mensaje de este libro y por su excelente trabajo en este proyecto.

A mis padres, Billy Joe el cual ya está en el cielo y a mi madre Sharon Daugherty, gracias por criarme enseñándome a como escuchar la voz de Dios e ir a donde Él diga. ¡Estaré eternamente agradecida por tu ejemplo y por creer en el llamado de Dios en mi vida!

A los mentores y amigos que escribieron para apoyarme en este libro, gracias por pavimentar el camino para que la próxima generación pueda moverse adelante en los planes y propósitos de Dios. ¡Ustedes son héroes de la fe!

A todos mis amigos y familiares, gracias por su amor y apoyo. ¡Me siento honrada de estar corriendo esta carrera junto a ustedes!

1
DESPIERTE

En agosto del 2009, tuve un sueño que verdaderamente me despertó, no solo físicamente sino espiritualmente también. En el sueño estaba yo parada en un círculo de personas y parecía que todos estábamos esperando por algo. No me tomó mucho tiempo para darme cuenta que lo que esperábamos eran órdenes. Teníamos una misión que completar y a cada uno se nos había dado una asignación individual. A mi derecha había una muchacha dormida en posición fetal y pensé, ¿porqué está ella durmiendo? ¡Necesita despertar, tenemos un trabajo que hacer!

Ya despierta, pude percibir que Dios estaba tratando de hablarme. Así que le pregunté cual era el significado de este sueño. Él me dijo, el círculo de personas representa el Cuerpo de Cristo, cada uno tiene una parte y una asignación divina que llevar a cabo (1 Corintios 12 expande más sobre esto). Pero algunos han escogido quedarse dormidos en lugar de caminar en su llamado ya sea por tragedias, heridas o temores.

Luego me llevó a la escritura en Isaías 52:1-2 NVI que dice ¡Despierta, Sión, despierta !Revístete de poder! Jerusalén, ciudad santa, ponte tus vestidos de gala, que los incircuncisos e impuros volverán a entrar en ti. ¡Sacúdete el polvo, Jerusalén! ¡Levántate, vuelve al trono! ¡Libérate de las cadenas de tu cuello, cautiva hija de

Sión! Creo que esta es una palabra crucial que cada creyente necesita escuchar. Es un llamado urgente para que cada persona se despierte a su propósito divino ya sea hombre o mujer. Cada uno de nosotros tiene valor para Dios y en el Cuerpo de Cristo. ¿Está completamente despierto (a) a ese rol? ¿Ha sido usted despertado (a) a su asignación?

Tal vez haya experimentado pruebas en su vida y ha optado por simplemente rendirse y no darle la oportunidad a Dios ni a Sus planes. Si este es el caso, yo le quiero animar y recordar que Dios está con usted y Él le ha dado la gracia que necesita para levantarse de la dificultad. Así, que no se rinda en su asignación. Usted está viviendo en este tiempo de la historia por una razón específica. ¡Está aquí para un tiempo como este!

> *Pero asegúrense de que no sean absorbidos y se agoten tomando cuidado de todas las obligaciones del diario vivir y pierdan la noción del tiempo y comiencen a cabecear inconscientes de Dios. La noche ya casi se termina, está a punto de amanecer. Levántate y despierta a lo que Dios está haciendo. Dios le está dando los toques finales al trabajo de la salvación que Él comenzó cuando creímos por primera vez. No nos conviene perder ni un minuto, no podemos desperdiciar las preciosas horas de la luz del día, en frivolidades e indulgencias al dormirnos en relajos, disipaciones y disputas. ¡Sal de la cama y vístete! No holgazanees ni te detengas, dejando todo para el último minuto. ¡Vístete de Cristo, ve y haz!*
>
> Romanos 13:11-14 MSG
> (traducido literalmente del inglés)

UN MOMENTO "DECISIVO"

Recientemente personalmente experimenté un tiempo en el cual tuve que "levantarme" en medio de circunstancias difíciles. Cuando mi padre, el Pastor Billy Joe Daugherty pasó a la eternidad en Noviembre del 2001, fue una de las cosas más difíciles con las que jamás haya tenido que lidiar. Él y mi mamá fundaron Victory Christian Center hace más de treinta años atrás, yo esperaba tenerlos a ambos por muchos años más.

Mi esposo Caleb y yo estábamos viviendo en el campo de las misiones en Asia, cuando recibimos noticias sobre el deterioro de la salud de mi padre. Nos informaron que debíamos regresar a casa inmediatamente. Así lo hicimos y a solo unas cuantas horas de nuestro regreso, papi se fue a morar con Jesús con solamente 57 años de edad.

No fue fácil. Yo era muy apegada a mi papá y lo admiraba en muchas cosas. Pero más importante que eso, él era mi héroe. Luego de su partida, comencé a hacerme preguntas como, ¿por qué sucedió esto y que se supone que haga ahora? En lo natural hubiera sido fácil encorvarme en depresión y confusión, pero gracias a Dios que trajo a mi memoria el sueño que me había dado tres meses atrás. Yo sabía que Él todavía tenía un plan para mi vida y asignaciones a las cuales me había llamado, para llevar acabo en esta tierra.

Cinco días después del funeral de mi papá, Caleb y yo teníamos que volar de regreso a Cambodia. Estábamos auspiciando un programa de alcance con regalos de Navidad para cientos de niños en aldeas remotas, una conferencia para mujeres, la construcción de pozos de agua y también terminando el proyecto de edificación de una iglesia que habíamos comenzado.

En ese tiempo, no sentía deseos de ir y mucho menos sentía que tenía esperanza para ofrecer, así que estaba debatiendo si ir o quedarme en casa. Pero mi mamá me recordó el ejemplo de Jesús en Marcos 6, cuando Él escuchó que Su primo Juan había sido decapitado. Dice que Jesús se entristeció con la noticia y se fue a un lugar solitario en una barca. Pero cuando llegó al otro lado habían multitudes esperando escuchar de Él.

> *Salió Jesús y vio una gran multitud, y tuvo compasión de ellos, porque eran como ovejas que no tenían pastor; y comenzó a enseñarles muchas cosas.*
>
> Marcos 6:34 RV

Luego que Jesús les enseñó, la gente tenían hambre. Le dijo a Sus discípulos que les buscaran algo para comer, pero todo lo que ellos encontraron fue a un niño con una merienda pequeña de cinco panes y dos peces. Aquel niño le ofreció a Jesús lo que tenía y Jesús lo bendijo. ¡Ese día, la merienda de este niñito fue multiplicada de una manera sobrenatural para alimentar a más de 5,000 personas!

Después de compartir esta historia conmigo, mi mamá dijo, "Sarah, creo que si te atreves a ir en medio de tu dolor y tu pérdida y ofreces lo que tienes en tus manos y simplemente amas a la gente preciosa de Cambodia, Jesús va a hacer milagros." Dios es tan fiel. Eso fue exactamente lo que sucedió. Personas fueron salvas y sanadas por el poder de Dios.

Cientos de bolsas llenas de regalos de Navidad con juguetes y artículos prácticos fueron entregadas a niños en las aldeas circunvecinas, miles de libras de comida fueron repartidas a familias, cientos de mujeres fueron alcanzadas y bendecidas con regalos prácticos en la conferencia de mujeres, una iglesia fue construida, cinco pozos de aguas fueron completados y recursos fueron provistos para expandir la casa para niñas rescatadas, la cual fue construida para aquellas que previamente habían sido víctimas y esclavas sexuales en la industria del tráfico humano. Todo esto se llevo a cabo por la gracia de Dios.

No solo Dios fue fiel en ayudarme a comenzar, para llevar a cabo la visión que me había dado, sino que también me ayudó a expandirla. Mientras estaba con las niñas en la casa de rescate durante este viaje, fui conmovida por las historias de todo lo que habían pasado. Una de las niñas había sido vendida por su madrina y cada vez que se escapaba para llegar a su casa, su madrina la volvía a vender. Fue vendida a tres burdeles y golpeada terriblemente. Cuando la encontraron en la calle, estaba en una depresión tan grande que quería terminar con su vida. Sin embargo, fue rescatada y traída al hogar de niñas.

Ella sollozaba mientras compartía con nosotros lo agradecida que estaba por el amor de Dios y el hogar seguro en el cual vivía ahora. Hoy, todas las niñas reciben entrenamiento en diferentes áreas, para que cuando se gradúen puedan regresar a la sociedad y vivir una vida normal. Antes de irnos, las niñas nos cantaron esta canción la cual ha venido a ser su himno:

Dios ha cambiado mi nombre
Ya no soy llamada
Herida, desechada
Solitaria o miedosa
Dios ha cambiado mi nombre
Mi nombre nuevo es
Confianza, alegría
La que ha vencido
Fidelidad, amiga de Dios
La que busca el rostro de Dios.

Jesús da belleza por cenizas. Él verdaderamente es el Dios de nuevos comienzos. El ver a estas niñas libres y comenzando a entender su valor trajo un despertar a mi corazón.

Otra noche en este mismo viaje, entré a una de nuestras iglesias y pude ver como a 30 huérfanos durmiendo en el piso. Le pregunté al pastor acerca de los niños y que podíamos hacer por ellos. Y Dios me recordó una visión que me había dado en un servicio de adoración en la iglesia infantil cuando tenía 11 años.

En la visión, yo estaba parada con Jesús frente a una pantalla de video enorme. De repente, comenzaron a ser proyectadas fotos de niños de todas partes del mundo. Tenían hambre, estaban solos y sin esperanza. Le pregunté a Jesús, "¿porqué me estás enseñando esto?" Me dijo, "porque estas son las personas a las cuales te he llamado a alcanzar."

Cuando Dios me recordó esta visión yo sabía que tenía que hacer algo con lo que había visto. Así que escribí un plan para construir un orfanato y comencé a compartirlo. En diez días llegaron todos los fondos necesarios para construir Hope for Children Home. Ahora 36 niños viven en el orfanato. Están recibiendo educación escolar y bíblica. Tienen camas, ropa, zapatos, libros de escuela, comida y agua limpia para tomar. Todo esto sucedió por la gracia de Dios y las personas que tomaron Su visión para los niños.

Algunas veces todo lo que podemos ver frente a nosotros es dolor y lo que sentimos es darnos por vencidos. Pero si persistimos y fijamos los ojos en Jesús, Él nos dará la fuerza para despertar y levantarnos. Nos recordará que siempre hay personas al otro lado de nuestra obediencia. "No pierda su tiempo en trabajos innecesarios, buscando en la esterilidad de la oscuridad... Despierte de su sueño...

¡Cristo le mostrará la luz! Vele sus pasos. Use su cabeza. "Aproveche cada oportunidad que tenga. !Estamos en tiempos desesperantes! No vivamos descuidadamente, sin pensar. Asegúrese de que entiende lo que el Maestro quiere" (Efesios 5:14-17 MSG traducido literalmente del inglés).

Mientras despertamos al propósito de Dios para nuestras vidas, encontraremos rápidamente que Sus propósitos están "centrados en otros." En otras palabras, se desarrollan y envuelven a personas. A medida que llevamos a cabo el plan de Dios para nuestras vidas, atraeremos a otros hacia Él.

Es tiempo de despertar...

Del Miedo a la FE.
Del Desánimo a la ESPERANZA.
De la Culpa a la LIBERTAD.
De la Preocupación a la PAZ.
De las Distracciones al PROPÓSITO.
Del Egoísmo al AMOR.
De la Amargura al PERDÓN.
De la Comparación a conocer su IDENTIDAD EN CRISTO.
Del Agotamiento a las FUERZAS DE DIOS.

2
LEVÁNTESE

Cuando Caleb decidió proponerme matrimonio hace 11 años atrás, me llevó en helicóptero a mi ciudad natal de Tulsa, Oklahoma. Como ya sabía que él era el indicado para mí y estaba lista para que me propusiera matrimonio, le contesté inmediatamente que sí.

Mientras disfrutábamos el viaje en helicóptero sobre la ciudad, me dí cuenta que las cosas se ven muy diferentes desde esa perspectiva a cuando uno está en la tierra. Yo había crecido en Tulsa y había vivido la mayor parte de mi vida allí, pero nunca había visto la ciudad desde arriba anteriormente. Mientras manejaba por las calles solamente podía ver una milla delante de mí, pero cuando subí al helicóptero pude ver el panorama completo – todo el plano de la ciudad de Tulsa.

Después de esa noche, pensé en aquella experiencia con relación a mi vida. En lo fácil que es hundirse pensando solo en lo natural y cosas pasajeras, porque no vemos el "panorama completo" que Dios tiene para nuestras vidas. Confíe en Dios, Él tiene grandes cosas para usted.

Cuando nos LEVANTAMOS y comenzamos a entender quienes somos en Cristo, comenzamos a ver nuestras vidas desde una perspectiva completamente diferente. Realizamos que Dios tiene un plan divino y una asignación para nosotros que va más allá de nuestra imaginación.

Dios ha preparado grandes cosas para que caminemos en ellas. ¡Es tiempo de levantarse! "Levántate [de la depresión y la postura en la que las circunstancias te han mantenido – levántate a una nueva vida]. Brilla (irradia con la gloria del Señor), porque ha llegado tu luz. La gloria del Señor ha amanecido sobre ti. La oscuridad cubre la tierra y a [toda] la gente una densa oscuridad. Pero el Señor se levanta sobre ti... y su gloria será vista sobre ti. Y naciones vendrán a tu luz y reyes a la brillantez de tu alborada." (Isaías 60:1-3 AMP versión traducida literalmente del inglés).

Levantarse significa pararse de un lugar donde uno está sentado, despertarse, moverse hacia delante. Tal vez se encuentre en un lugar donde se siente golpeado por las circunstancias y la depresión, pero Dios le llama a levantarse a una vida nueva. Él tiene un propósito hermoso para su vida.

Mi abuela, la cual me ha dado un gran legado de piedad, tuvo un tiempo dificilísimo cuando mi abuelo murió. Durante ese tiempo, mi papá le habló y le dijo, "Mamá, usted se puede quedar en esa mecedora por el resto de su vida y llorar la muerte de papá, o puede comenzar a ayudar a otras personas." Fue un comentario bastante fuerte, pero puso las cosas en perspectiva para ella.

La semana entrante, ella comenzó a visitar asilos de ancianos y a personas, orando y dándoles ánimo. Relata que se levantó de aquella depresión porque comenzó a invertir su vida ayudando a otros. En Isaías 60:1-3 The Message (una de las traducciones de la Biblia en inglés) lo dice de esta manera, "Sal de tu cama Jerusalén. Levántate.

Pon tu cara a la luz del sol. La gloria de Dios ha nacido sobre ti. Toda la tierra está envuelta en oscuridad, toda la gente hundida en tinieblas, pero Dios se levanta sobre ti, la gloria de Su amanecer ha irrumpido sobre ti. Naciones vendrán a tu luz, reyes a la brillantez de tu alborada."

Tenemos que realizar los tiempos que estamos viviendo y despertar al propósito que Dios tiene para nuestras vidas. Es tiempo de levantarnos del miedo, la complacencia y la depresión para entender cual es la voluntad de Dios para nuestras vidas. ¡Dios nos ha llamado a BRILLAR! Cuando brillamos, la gente son atraídas a la luz.

NACÍ PARA VOLAR ALTO

Hay una historia antigua acerca de un hombre que estaba visitando a un granjero y se sorprendió de ver un águila hermoso en el gallinero de la granja. "¿Porqué rayos tiene a esta águila viviendo con pollos?" Preguntó el hombre.

"Bueno, me lo encontré cuando estaba pequeño y lo he criado aquí con los pollitos. No conoce nada diferente ni mejor, piensa que es pollo," contestó el granjero.

El hombre estaba anonadado. El águila picoteaba el grano y bebía de la lata donde estaba el agua. Mantenía su mirada en el suelo pavoneándose en círculos y cada pulgada de su cuerpo lo hacía ver como un pollo exageradamente grande.

"¿Nunca ha tratado de abrir sus alas y salir volando de aquí?" preguntó el hombre.

"No y dudo que lo haga. No sabe lo que significa volar," contestó el granjero.

"Bueno, permítame sacarlo y hacer un par de experimentos con él," dijo el hombre.

El granjero estuvo de acuerdo, pero le aseguró al hombre que estaba perdiendo su tiempo. El hombre levantó al águila por encima de la cerca del gallinero y dijo, "¡Vuela!" Empujó al pájaro reacio de la cerca y calló al suelo en un montón de plumas polvorientas. Luego, el hombre tomó al pollo/águila que estaba aturdido y lo llevó al granero le abrió las alas antes de lanzarlo al aire nuevamente y le grito, "¡VUELA!"

El pájaro asustado dio un chillido y calló sin gracia alguna en el corral, donde volvió a picotear el piso en busca de su cena. Nuevamente, el hombre tomó al águila y decidió darle otra oportunidad, en un ambiente más apropiado, fuera del mal ejemplo del estilo de vida de los pollos. Puso al dócil pájaro a su lado en el asiento delantero de la camioneta y se dirigió a las montañas de su país.

Luego de un largo y sudoroso camino a la cima del peñasco con el pájaro debajo de sus brazos, le habló suavemente. "Amigo, naciste para volar alto. Es mejor que mueras aquí hoy, en la rocas que ves allá abajo, que vivir el resto de tu vida como un pollo en un gallinero."

Habiendo dicho estas últimas palabras, levantó al águila en alto y una vez más le ordenó, "¡VUELA!" Lo lanzó al aire y en ese momento para su alivio el pájaro abrió sus grandes alas de siete pies de ancho y voló con dignidad al cielo. Revoloteaba suavemente haciendo espirales al clarear la luz del sol en la mañana. Así como suena de increíble que el águila no reconociera su verdadera identidad, con frecuencia nosotros hacemos lo mismo cuando permitimos que otros definan nuestro valor, simplemente aceptando las etiquetas que nos ponen.

No sea como el águila permitiendo que otros definan su valor. Usted fue creado por Dios. Usted es Su obra maestra. Usted está sentado con Cristo. Usted es hijo (a) del Rey. Usted tiene una asignación divina en la tierra – un propósito santo. "Y en unión con Cristo Jesús, Dios nos resucitó y nos hizo sentar con él en las regiones celestiales, para mostrar en los tiempos venideros la incomparable riqueza de su gracia, que por su bondad derramó sobre nosotros en Cristo Jesús." (Efesios 2:6-7 NVI). Él le ha llamado a levantarse y a volar por encima de los problemas y temores de este mundo.

ENTENDIENDO SU VALOR

¿Si yo tomara un billete de $100, lo arrugara, pisoteara y lo tirara a la basura, todavía tendría el valor de $100? ¡SEGURO QUE SI! Si no está completamente destruido, usted todavía puede ir y comprarse algo con él. En la vida hay muchas personas las cuales han sido pisoteadas, abusadas y rechazadas. A consecuencia de esto asumen que no tienen ningún valor. Pero todavía tienen valor para Dios. Él pagó un gran precio por todos nosotros - la vida de Su propio Hijo. (1 Pedro 1:18-19)

Algunas personas juzgan a otros por la apariencia externa, por su educación, talentos, logros o éxitos. Pero esta es la manera en la que el mundo los mira, Dios juzga el valor de las personas de una forma diferente. La Biblia dice en 2 Corintios 10:12 que no es sabio compararnos con otros. Dios nos hizo únicos y con un propósito específico.

Me gusta la manera en que John Mason lo pone. Él dice, "Usted nació original, no muera siendo una copia." El mundo presenta imágenes de como debe ser un hombre y una mujer. Si usted mira magazines, TV o películas se dará cuenta de como la sociedad dicta como debemos mirarnos, vestirnos y hablar. Aunque es bueno tratar de vernos lo mejor posible, la Biblia nos da una perspectiva mayor de donde es que descansa verdaderamente nuestro valor. "Porque yo sé muy bien los planes que tengo para ustedes —afirma el Señor—, planes de bienestar y no de calamidad, a fin de darles un futuro y una esperanza. Entonces ustedes me invocarán, y vendrán a suplicarme, y yo los escucharé. Me buscarán y me encontrarán, cuando me busquen de todo corazón" (Jeremías 29:11-13).

La clave para entender nuestro valor y propósito es buscar a Dios primero. Por ejemplo, si usted tiene hijos y ha comprado alguna vez un juguete grande, que trae muchas partes para ensamblar, usted podrá entender la importancia de seguir las instrucciones del manual paso por paso, para poder ensamblarlo correctamente. Por experiencia propia, sé que cuando he tratado de ensamblar algo sin mirar el manual, usualmente lo daño o termino sin entender la función del artículo.

De la misma forma, en nuestro caminar con Dios, para que podamos conocer nuestro propósito en esta tierra, necesitamos ir y mirar el manual de instrucciones de nuestro Creador. Dios es nuestro Creador y Su Palabra es nuestro manual de instrucciones de por vida. Él nos creó para que hagamos cosas grandes. "Porque somos hechura de Dios, creados en Cristo Jesús para buenas obras, las cuales Dios dispuso de antemano a fin de que las pongamos en práctica" (Efesios 2:10 NVI).

Joyce Meyer dice como su padre abusó de ella 200 veces desde que era una niña hasta los 18 años de edad. Creció en temor y vergüenza, sin conocer su verdadero valor. Pero no fue hasta que se adentró en la Palabra de Dios, cuando finalmente comenzó a entender Su amor por ella, así fue que pudo recibir la sanidad y restauración de su corazón. Empezó a entender que Dios tenía un propósito para su vida. Renovó su mente con la Palabra de Dios. Ahora está en televisión todos los días, predicando el Evangelio a todo el mundo y compartiendo el poder transformador de la Palabra de Dios.

Katie Luce es co-fundadora de Teen Mania Ministries con su esposo Ron. Teen Mania es un ministerio para jóvenes que alcanza a millones de ellos a través de conferencias. En su libro The Pursuit of Beauty (En Búsqueda de la Belleza), Katie habla de su lucha al tratar de entender su identidad y valor. Batalló con trastornos de alimentación cuando estaba en el colegio, pero cuando comenzó a meditar en lo que Dios decía que ella era, fue liberada de esa atadura. Katie dice que la única forma en la que pudo encontrar libertad fue metiéndose en la Palabra de Dios y descubriendo lo que decía de ella. Ahora se ha levantado y ha compartido su testimonio con muchas mujeres jóvenes.

El Salmo 139 dice que Dios nos conoció en el vientre de nuestra madre. Nos formó y Sus pensamientos acerca de nosotros son más que la arena de la mar. Él conoce cada cabello de su cabeza. Así que no se compare con otros. Dios lo hizo con un propósito específico. Él puso talentos y dones específicos dentro de usted.

Hay un director de alabanza y escritor muy conocido en los Estados Unidos llamado Israel Houghton. Israel dirige la alabanza para Lakewood Church, la iglesia más grande en América. Fue concebido en una relación extramatrimonial y su padre no estuvo cerca de él. Le dijeron a su madre que se practicara un aborto, pero ella decidió no abortar. Cuando Israel nació se lo quitaron a su mamá porque encontraron drogas en su sistema. Luego alguien vino y la animó a que no se rindiera y que le diera su vida a Jesús.

Israel dice en su libro, A Deeper Level (Un Nivel Más Profundo), que por mucho tiempo el cayó en la trampa de creer que era un accidente o un error. [*1] Pero mientras más tiempo pasaba en la presencia de Dios, más entendía la verdad del Salmo 139. Llegó al punto de realizar que Dios tenía un propósito para su vida. Comenzó a escribir y a hacer música. Hoy su música se escucha alrededor del mundo. Una de sus canciones impacta a muchos con estas sencillas pero profundas palabras, *Yo tengo un Creador... Él conoce mi nombre.*

Usted no es un error ni un accidente. Las circunstancias que rodearon su nacimiento tal vez no hayan sido las ideales, pero Dios quería que usted estuviera aquí. Dios le conoce por su nombre. Conoce cuantos cabellos tiene en su cabeza. Usted le importa y Él tiene un gran propósito para su vida. De hecho en 1 Corintios 2:9-10 en la Biblia The Message (versión del inglés) dice, que lo que Dios ha ordenado para usted va más allá de su imaginación y que Él promete revelarle ese propósito a través de Su Espíritu.

Hay otro hombre, James Robison, el cual tiene un ministerio de televisión alrededor del mundo que toca a millones de personas. Su nacimiento podría considerarse un "error," porque su madre fue violada. Pero Dios tenía un plan para su vida. Hoy su ministerio le da de comer a millones de niños hambrientos en África, porque él ha escogido creer que Dios tenía un plan para su vida.

Usted ha sido escogido por Dios. "Pero ustedes son linaje escogido, real sacerdocio, nación santa, pueblo que pertenece a Dios, para que proclamen las obras maravillosas de aquel que los llamó de las tinieblas a su luz admirable" (1 Pedro 2:9 NVI). Usted es un hijo (a) de realeza, hijo (a) del Rey. Ha sido llamado a declarar Sus grandezas y de esta manera hacer una diferencia en la vida de otros.

Entonces, ¿por qué Dios le hizo de la forma que es? ¿Por qué está aquí en este momento de la historia? Usted está aquí ahora, en la forma que es, porque Dios sabía que el mundo le iba a necesitar. Usted tiene talentos y habilidades que el mundo necesita. Cuando usted realiza que Dios le ama y tiene un propósito para su vida, su vida tomará un significado nuevo y diferente. Usted ha sido llamado a hacer una diferencia en la vida de otros, no importa donde viva o trabaje.

Mi familia conoció a un hombre llamado Benson Idahosa. El cual nació enfermo en Nigeria al Oeste del África. Su padre no quería otra boca para alimentar, así que le dijo a su esposa que lo tirara a la basura. Ella lo envolvió en una cobija y lo tiró. Pensaron que estaba muerto, pero más tarde ese día comenzó a llover y Benson empezó a llorar. Su madre lo escuchó, lo rescató y lo escondió de su padre.

Benson creció en mucha pobreza. Nunca tuvo un par de zapatos hasta que tuvo 17 años de edad, pero Dios vio su valor. A esta edad recibió a Jesús como su Señor y Salvador y creyó que Dios lo llamaba al ministerio. Comenzó a trabajar alcanzando aldea tras aldea antes de establecer su iglesia en la ciudad de Benin. Para el 1971 había establecido iglesias alrededor de toda Nigeria y Ghana. Estableció escuelas cristianas, un instituto Bíblico, una universidad cristiana y hasta un hospital en su ciudad. Durante el transcurso de su vida compartió el evangelio en 148 naciones del globo terráqueo. Aunque ya se fue a morar con el Señor su legado vive todavía. Él hizo una diferencia porque recibió la revelación de que Dios lo amaba y que tenía valor.

Usted se podrá sentir sin valor o insignificante pero Dios no le ve así. Él dio Su vida para que usted pudiera ser salvo y restaurado. También tiene un propósito para su vida que envuelve ayudar a otros con Su amor. Dios quiere revelarle que Él dio su vida por usted y lo ha creado para un propósito divino.

Conocí a una mujer de Nepal la cual tuvo una vida sumamente dura, debido a los golpes de la vida entró en depresión y batallaba constantemente con pensamientos de suicidio. Pero un día ella clamó a Dios por ayuda y Él comenzó a revelarle Su amor por ella. Recibió la esperanza de que Dios tenía un buen plan para su vida. Decidió levantarse de la depresión y meterse en la Palabra. Mientras lo hacía realizó que podía ayudar a otros a salir de la depresión y el abuso también. Ahora, junto con su esposo pastorean una iglesia en Nepal. También han establecido un hogar de rescate para niñas que salen del tráfico sexual y de igual forma un hogar para niños que viven en las calles. Ellos están entrenando a estos jóvenes a ser líderes en su nación.

Uno de los mejores ejemplos en la Biblia de como alguien se levantó e hizo una diferencia es Ester. Ester era huérfana y judía. Aunque los judíos eran personas marginadas en Persia, Dios la elevó a ser la Reina de Persia. Ella fue puesta en una situación donde podía hacer una diferencia. Durante ese tiempo se estableció un decreto para matar a todos los judíos. Su tío Mardoqueo le envió una palabra, "No pienses que escaparás en la casa del rey más que cualquier otro judío. Porque si callas absolutamente en este tiempo, respiro y liberación vendrá de alguna otra parte para los judíos; mas tú y la casa de tu padre pereceréis. ¿Y quién sabe si para esta hora has llegado al reino?" (Ester 4:13-14 RV)

De primera intención Ester tenía miedo de decir algo porque ella sabía que si iba delante del rey sin ser anunciada podía ser ejecutada. Pero cuando escuchó aquella palabra departe de Mardoqueo, despertó a su propósito. Entendió que su responsabilidad era hablar por su gente. Oró y ayunó para que el favor y la sabiduría de Dios estuvieran sobre su vida.

Dios le dio la estrategia para comunicarse con el rey. Así que se levantó con valentía, fue delante de él y lo invitó junto con Amán a un banquete especial que ella había preparado. Cuando llegó el momento de compartir con el rey, le dijo el complot que Amán había planificado para matar a todos lo judíos el cual la incluía a ella y a su familia. El rey se encolerizó y ordenó que Amán fuera ejecutado.

Los judíos se salvaron porque Ester salió de su temor y egocentrismo. Realizó que no estaba en la posición de reina para verse bonita o tener un título, sino que estaba en esa posición para hacer una diferencia en la vida de otros para la gloria de Dios. Así como Ester usted ha sido llamado (a) por un propósito de realeza. "Como Él es, así somos nosotros en este mundo" (1 Juan 4:17 RV) Usted es Su testigo. Es tiempo de levantarse a su asignación divina en esta tierra.

DE GRACIA RECIBIÓ; CON GRACIA DÉ

Luego de haber tenido la visión que compartí anteriormente y comencé a reconocer mi llamado a las naciones a los 12 años, decidí ir a mi primer viaje misionero a México con un grupo de jóvenes de la iglesia. Recuerdo haber visto niños viviendo en basureros y esto estremeció mi mundo. Realicé lo bendecido que somos y la compasión explotó en mi corazón para bendecir a aquellos en necesidad.

Cuando regresé a casa, mi papá me animó a buscar un lugar en la iglesia donde pudiera servir. Como pastor de nuestra iglesia, papi sabía que necesitábamos compartir con otros el amor y la sabiduría que estábamos recibiendo de la Palabra de Dios. "... de gracia recibisteis, dad de gracia" (Mateo 10:8 RV). Yo necesitaba levantarme de mi egoísmo y comenzar a dar consistentemente.

Tomé una decisión, salir de mi zona de confort y envolverme para ayudar en el ministerio infantil de autobuses que transportaba cientos de niños que venían de los complejos de vivienda subsidiaria del gobierno. Mientras estaba envuelta amando a estos niños preciosos, la compasión crecía en mi corazón por aquellos que estaban perdidos y sin esperanza.

A través de los años, estuve envuelta en diferentes áreas de servicio dentro de la iglesia. Creo que al servir con consistencia no solo ayudé a otros, sino que mi vida fue enriquecida también. He descubierto que la única forma de mantener el fuego de Dios en mi vida es pasando tiempo con Jesús diariamente a través de la oración y lectura de la Palabra y dando a otros lo que recibo diariamente. Creo que crecemos cuando nos damos a otros. Nuestros corazones se expanden mientras servimos a otros.

UN LLAMADO A LA NACIONES

En agosto del 2007, Dios me habló durante un tiempo de adoración en nuestra iglesia. Un ministro al cual amamos y respetamos estaba en el programa para predicar esa noche, llegué con gran expectativa para escuchar a Dios. Y dije, "Señor siento que he rendido todo aquello de lo que estoy consciente en mi vida, pero si hay algo más que necesito hacer, muéstramelo, Soy tuya."

Fue como si Dios hubiera estado esperando que yo le hiciera aquella pregunta. Y me respondió "¿Estarías dispuesta a vender tu casa y mover a tu familia al campo misionero por un periodo de tiempo?" Me recordó de una familia de nuestra iglesia que había hecho esto unos años atrás. Como estaban preparados para ir, Dios los envió al campo misionero en Rusia y Europa cuando las puertas para el Evangelio fueron abiertas por primera vez. Plantaron escuelas bíblicas en muchas naciones que estaban maduras para el Evangelio.

En aquel tiempo de nuestras vidas, éramos los pastores de los jóvenes adultos y directores de los ministerios juveniles de alcance.

Amábamos servir bajo la dirección de nuestros pastores – mis padres. También amábamos a los jóvenes con los cuales teníamos el privilegio de trabajar en la iglesia. Tenía siete meses de embarazo de nuestra hija Elizabeth y nuestro hijo Isaac tenía 2 1/2 de edad.

Había estado en muchos viajes misioneros cortos, pero no había considerado vivir en el extranjero en ese momento. Estaba muy cómoda en nuestra iglesia en los Estados Unidos, Dios me dijo que si no dábamos un paso de fe y obediencia a lo que Él estaba diciendo, nos íbamos a estancar en nuestro caminar con Él y también íbamos a perjudicar el futuro crecimiento del programa de jóvenes adultos que dirigíamos.

Habíamos comenzado el servicio de jóvenes adultos en nuestra iglesia cinco años atrás con alrededor de veinte personas y había crecido a varios cientos de jóvenes adultos semanalmente. Sabíamos que esto era el resultado de la gracia de Dios en nuestras vidas durante esa temporada. Pero ahora Dios nos estaba hablando de caminar en una nueva dirección para alcanzar a las naciones.

Cuando escuché a Dios, me entregué y dije, "Sí Señor, pero le vas a tener que decir a mi esposo, para confirmar que esto viene de Ti." Yo no sabía en ese momento que ya Dios le había hablado a Caleb unas semanas atrás, mientras estaba en un viaje misionero en Cambodia y Hong Kong.

Él estaba en Cambodia ayudando como anfitrión en una actividad de alcance y cuando venía de Hong Kong, Dios le hizo la misma pregunta que me había hecho a mi. "¿Estarías dispuesto a mudarte a esta parte del mundo para la próxima temporada de tu vida?" Caleb dijo, "Sí Señor, pero le vas a tener que hablar a mi esposa."

Cuando Caleb llegó de ese viaje no me comentó lo que Dios le había dicho. Pero más tarde cuando le dije que Dios me había hablado comenzó a llorar. Me dijo que ya Dios le había estado mostrando como habíamos sido llamados para ir a las naciones a través de Asia, específicamente Hong Kong y Cambodia.

Esa noche, tomamos una decisión como pareja y dijimos, "Sí Señor, aquí estamos. Envíanos." Tuvimos que levantarnos del temor y de nuestra zona de confort determinados a dejar que la luz que había en nosotros brillara en las naciones a las cuales Él nos había llamado. "Vayan por todo el mundo y anuncien las buenas nuevas a toda criatura. El que crea y sea bautizado será salvo, pero el que no crea será condenado. Estas señales acompañarán a los que crean: en mi nombre expulsarán demonios; hablarán en nuevas lenguas; tomarán en sus manos serpientes; y cuando beban algo venenoso, no les hará daño alguno; pondrán las manos sobre los enfermos, y éstos recobrarán la salud" (Marcos 16:15-18 NVI).

Como dijo David Livingstone, un misionero reconocido en el África, "Si una comisión por un rey terrenal es considerada un honor, ¿cómo una comisión por nuestro Rey Celestial va a ser considerada un sacrificio?" Durante ese tiempo de oración y búsqueda del Señor, Dios comenzó a darnos sabiduría y citas divinas con las personas que nos quería conectar. Empezó a darnos Su estrategia. Nos recordó los sueños y visiones que había puesto en cada uno de nuestros corazones muchos años atrás.

Habíamos sido fieles en hacer lo que Dios nos había llamado a hacer y ahora nos estaba lanzando para hacer algo nuevo. Pero no porque nosotros supiéramos que Dios nos estaba dirigiendo a salir, significa que todos entendían o estaban de acuerdo con nuestra decisión. Algunas personas aún dentro de la misma iglesia pensaban que estábamos locos al renunciar a nuestros maravillosos trabajos, vender nuestra casa y mover a dos niños de 1 y 3 años de edad a otro país.

Nosotros teníamos lo que llamamos el "Sueño Americano." Estábamos agradecidos de lo que Dios había provisto para nosotros pero aún así, sabíamos que nos había hablado y que nuestra obediencia a Él abriría puertas para alcanzar más personas de las que jamás hubiéramos imaginado. El periodo de tiempo desde que Dios nos habló a cuando estaba programada nuestra movida definitivamente retó nuestra fe. En este proceso tuvimos que morir a nosotros mismos para confiar completamente en Dios. Primero compartimos lo que Dios nos había hablado con nuestros padres y pastores y luego con otros líderes espirituales.

Cuando le dijimos a mis padres, aún ellos queriendo que obedeciéramos la voz de Dios, se les hacía fuerte la idea de dejar ir a sus hijos y nietos sin saber cuando regresaríamos. También tenían muchas preguntas, como cualquier padre amoroso. Recuerdo estar sentada en mi auto llorando y pensando acerca de la salida después de una conversación con ellos, cuando una canción se despertó en mi corazón y comencé a cantarla al Señor, *Tomaré mi cruz y seguiré Tu voluntad. Rindo mi vida a Ti.* Entonces Dios me recordó Mateo 10:37-39; "El que ama a padre o madre más que a mí, no es digno de mí; el que ama a hijo o hija más que a mí, no es digno de mí; y el que no toma su cruz y sigue en pos de mí, no es digno de mí. El que halle su vida, la perderá; y el que pierda su vida por causa de mí, la hallará."

Jim Elliot, un misionero que dio su vida en los 1950 para alcanzar a los Indios Incas en Ecuador dijo, "No es tonto el que da lo que no puede conservar, para ganar aquello que no puede perder." Así que nos entregamos a Dios rindiéndole nuestras vidas y comenzamos a tomar los pasos que Él nos había dicho que tomáramos. Nos ayudó de una manera sobrenatural a vender nuestra casa en dos semanas cuando el mercado de vivienda estaba por los suelos.

Hubieron muchas ocasiones donde Dios nos habló diciéndonos que diéramos sacrificadamente a diferentes personas y proyectos de iglesias. No tenía ningún sentido en lo natural porque necesitábamos los fondos para nuestra salida. Pero realizamos que lo que teníamos en nuestras manos no era suficiente para el sueño que Dios había puesto en nuestros corazones, así que, si lo poníamos en Sus manos como una semilla, Él lo podía multiplicar. Fue una prueba para nuestra fe, pero Dios se mostró fiel y comenzó a traer provisión en maneras que nunca nos imaginamos.

Una vez que nos movimos, Dios comenzó a abrir puertas que nosotros nunca hubiéramos podido abrir. Nos conectó con una familia cristiana maravillosa, amigos fuera del país y puertas de oportunidades para alcanzar toda aquella región. Dios tiene un sistema global de posición sobrenatural para Su gente y nos dirigirá si tomamos el tiempo para afinar nuestro oído a Su voz y estamos dispuestos a obedecer.

Me encanta lo que William Carey uno de los padres de las misiones modernas dijo, "Para conocer la voluntad de Dios necesitamos una Biblia abierta y un mapa abierto."

3
EL TESORO MÁS GRANDE

Cierto anciano recluso vivía en el interior de las montañas de Colorado. Cuando murió, parientes lejanos vinieron de la ciudad para colectar sus cosas de valor. Pero cuando llegaron todo lo que vieron fue una casucha con una letrina al lado.

Dentro de la casucha, al lado de la chimenea, había una olla con su equipo de minería, una mesa agrietada con una silla de tres patas al lado de una ventana pequeña y una lámpara de kerosén que servía como centro de mesa. En una esquina oscura del pequeño cuarto había un catre deteriorado con un saco de dormir deshilachado.

Los parientes tomaron algunas de las reliquias y se fueron. Mientras manejaban dejando la casucha atrás vieron a un viejo amigo del recluso que venía montado en una mula y les hacía señas para que se detuvieran. "¿Les importa si me quedo con lo que quedó en la cabaña de mi amigo?" preguntó.

"Para nada, ande y tome todo lo que quiera," le respondieron. Pensando, "después de todo, ¿qué podrá haber de valor en esa casucha?"

El viejo amigo entró y caminó directamente a la mesa. Moviéndola levantó una de las tablas del piso. Luego sacó todo el oro que su viejo amigo había descubierto y guardado allí por treinta y cinco años. Había lo suficiente para construir un palacio.

El anciano recluso murió y solamente su amigo sabía el valor de lo que tenía. Mientras el amigo miraba por la pequeña ventana y veía desaparecer el auto de los parientes a la distancia dijo, "debieron haberlo conocido mejor." ("Distant Relatives" [Parientes Lejanos] historias por Carl Muir)

Hay muchas personas que pierden muchas de las cosas maravillosas que Dios tiene para ellos, porque no entienden el tesoro que tienen en Él. No toman el tiempo para conocerlo de una forma personal. Dios tiene mucho más para nosotros. Pero necesitamos tomar el tiempo para conocerlo. Tal como los parientes en la historia, podemos perder el "oro" de Dios sino sabemos quién es Él.

Yo crecí en la iglesia y fui salva a una temprana edad. Sin embargo, no realicé que Jesús quería tener una relación personal conmigo hasta que llegué a los 14 años de edad y tuve un encuentro con Él, durante un tiempo de alabanza en un campamento de jóvenes. Escuché a Jesús preguntarme, "¿Sarah, soy el primero en tu vida?" y pensé, pues sí, soy una niña buena, soy salva. Luego me preguntó, "¿Sarah soy yo tu mejor amigo?"

No fue hasta ese momento que realicé que aunque era salva y sabía de la Biblia, no tenía una relación cercana con Dios. No estaba buscando conocerlo como un amigo. Me importaba más lo que pensaban mis compañeros de mi, que desarrollar una relación con Dios. Esa noche, fui despertada a mi condición espiritual y me rendí completamente a Jesús. Tomé la decisión de buscarlo y conocerlo mejor. "Entonces ustedes me invocarán, y vendrán a suplicarme, y yo los escucharé. Me buscarán y me encontrarán, cuando me busquen de todo corazón" (Jeremías 29:12-13 NVI).

Esa noche, me postré rindiéndome completamente en el piso de la capilla, adorándolo y escuchando lo que tenía que decir acerca de mi vida. Después de aquella experiencia decidí levantarme temprano cada día y pasar tiempo con Dios antes de ir a la escuela. Comencé con 15 minutos y luego aumenté el tiempo a medida que pasaban los días. Tomé un libro de devociones y empecé a estudiar la Palabra de Dios, meditar en ella, orar, escuchar Su voz y a dejarme dirigir por Su Espíritu. Dios se hizo tan real en mi vida que comencé a realizar el *tesoro* que había en conocer a Jesús.

Durante esa temporada mis amistades cambiaron, porque la gente con la que me había estado juntando estaban enfocados en otras cosas y no parecía que teníamos ya cosas en común. Aún cuando en aquel momento parecía que había perdido mis amistades cercanas, Dios estaba haciendo algo en mi. Me estaba atrayendo a que lo buscara a Él primero. "Buscad primeramente el reino de Dios... y todas estas cosas os serán añadidas" (Mateo 6:33 RV).

Al pasar del tiempo, Dios me trajo amigos que estaban apasionados por Él y que iban a ser de beneficio en mi caminar con Dios. Pero Él quería seguir siendo el número uno. Mientras fijamos nuestros ojos en Dios encontraremos tesoros que están esperando para ser descubiertos.

Había un joven llamado Jason el cual estaba apunto de graduarse de la secundaria. Venía de una familia de dinero y estaba esperando un auto nuevo departe de sus padres como regalo de graduación. Jason y su padre habían pasado meses mirando y buscando autos. La semana antes de la graduación encontraron el auto perfecto. Jason estaba seguro que lo iba a recibir la noche de su graduación.

Imagínese la decepción que sintió cuando inmediatamente después de la ceremonia de graduación su papá le entregó un pequeño paquete elegantemente envuelto. *Deben ser las llaves mi coche nuevo*, pensó Jason dentro de sí. Pero cuando abrió el regalo todo lo que encontró fue una Biblia con su nombre impreso al frente. *Una Biblia*, pensó él. La sacó de la caja y miró dentro de ella para ver si encontraba las llaves, pero estaba vacía. Jason estaba enojadísimo - tiró la Biblia y se fue. Su padre trató de explicarle pero él no se lo permitió. Nunca volvió a verlo. Solo la noticia de que su papá había muerto lo trajo de regreso a la casa.

Mientras Jason miraba las cosas que iba a heredar de su papá, se topó con la Biblia que había recibido el día de su graduación. Sacudiendo el polvo la abrió y comenzó a ojearla. Le llamó la atención un papel que estaba atascado dentro de las páginas, así que lo sacó. Era un cheque de caja que tenía la fecha del día de su graduación, con la cantidad exacta para pagar el coche que él y su papá habían escogido. ¿Que le estaba tratando de decir su padre? Su padre quería que él viera la importancia de buscar a Dios primero y mientras lo hiciera Dios le daría los deseos de su corazón.

Tal como el padre de Jason, nuestro Padre celestial ha colocado tesoros en Su Palabra que quiere revelarnos. "Buen amigo, toma con seriedad lo que te estoy diciendo; colecta mis consejos y guárdalos con tu vida. Afina tu oído al mundo de la Sabiduría; pon tu corazón en una vida de Entendimiento. Eso es así – si haces del Conocimiento tu prioridad y no tomas un no como respuesta, Buscando como un minero el oro, como un aventurero un tesoro escondido, créeme, antes de que lo sepas el Temor de Dios será tuyo; y vendrás al Conocimiento de Dios" (Proverbios 2:1-5 MSG traducción literal del inglés).

Mientras usted busca a Dios descubrirá tesoros maravillosos en Su Palabra y en esos tesoros encontrará el conocimiento de Dios.

SINTONÍCESE

Dios desea hablarle y guiarle en todas las cosas de la vida, grandes y pequeñas. Pero tiene que tomar tiempo para sintonizar Su voz, tal como si estuviera tratando de sintonizar una estación específica en la radio. Para poder llegar y escuchar la estación que desea, tiene que pasar la estática y otros canales.

En la vida hay muchas voces tratando de captar su atención – nuestros trabajos, familia, amigos, música, tele, teléfono, los medios sociales etc. Algunas de esas voces pueden ser buenas, pero pueden distraernos completamente del plan de Dios para nuestras vidas. La voz más importante a la cual debemos estar sintonizados es la de Dios, porque Él conoce los planes que tiene para nosotros y los pasos que tenemos que tomar para lograrlo.

Nuestro medio ambiente puede tener tanto ruido, que puede llegar a perjudicarnos y hasta privarnos de escuchar la voz de Dios. Es vital para nosotros reconocer que necesitamos un medio ambiente donde podamos callar nuestros corazones, meternos en la Palabra de Dios y decir "Señor, quiero Tu sabiduría más que el intelecto humano o cualquier otra cosa, quiero conocer Tu sabiduría porque sé que me ayudará en todo lo que haga."

La manera en que comenzamos a reconocer Su voz es pasando tiempo con Él, así como lo hacemos para conocer a otros. Cuando mi esposo me llama por teléfono no tiene que introducirse. Yo reconozco su voz inmediatamente porque he pasado tiempo con él. Así mismo es con Dios y Su presencia. Cuando pasamos tiempo con Él aprendemos a escuchar Su voz durante todo el día. Seremos dirigidos en las cosas grandes y pequeñas de la vida.

La Biblia nos llama las ovejas de Dios porque somos Sus hijos. "Mis ovejas oyen mi voz" (Juan 10:27 RV). Escuchamos primordialmente a Dios a través de Su Palabra. "En el principio era el Verbo, el Verbo estaba con Dios y el Verbo era Dios" (Juan 1:1 RV). Si queremos conocer a Jesús tenemos que buscar la Palabra. Tenemos la tendencia de ocuparnos tanto con la vida que descuidamos el hacer esto, pero quiero que reconozca la vital importancia de hacer la Palabra su prioridad.

Si usted busca la sabiduría de Dios, Él añadirá todo lo demás que usted necesita. Añadirá el esposo (a) correcto para usted, trabajo correcto y la provisión necesaria. También añadirá la gracia y la sabiduría que necesita para criar a sus hijos. Mientras busca Su sabiduría, Él le va a dirigir en la asignación que tiene para su vida. Su Palabra está llena de promesas para aquellos que lo buscan.

UN SISTEMA DE POSICIONAMIENTO GLOBAL PERSONAL

Tengo que admitir que yo soy una de las personas que necesitan ayuda cuando manejan. Una noche iba con un grupo de muchachas a una fiesta que nuestro grupo de jóvenes adultos de la iglesia estaba auspiciando. La casa a la que íbamos estaba al otro lado de la ciudad y no tenía idea de como llegar. Solo me podía imaginar la perdida que nos íbamos a dar en el campo, porque me había ocurrido anteriormente.

Después de manejar en lo oscuro por un rato, una de las chicas sacó su iPhone y dijo, "OH, yo tengo un GPS en mi teléfono, nos llevará al lugar rápidamente." Y exactamente como lo dijo, escribió la dirección y hasta a tiempo llegamos.

La Palabra de Dios es como un GPS. Es un sistema de posición para la dirección y la sabiduría en las cosas que estamos supuestos a hacer. Sin un GPS nos podemos perder. Podemos dar vueltas a lo loco sino estamos sintonizados a Su sabiduría.

Usted tal vez conoce a personas que se desviaron en la vida porque descuidaron la Palabra de Sabiduría. Tomaron una mala decisión y esto provocó que toda su vida se descarrilara. "...(la voluntad de la Palabra de Dios) nos ayuda a no tomar el camino incorrecto o tomar malas decisiones..."(Proverbios 2:12 MSG traducción del inglés). O tal vez ahora esté tratando de volver al camino de Dios después de haber tomado un desvío. Si este es el caso, quiero animarle a no sentirse condenado por el pasado. Simplemente arrepiéntase y vuelva a entrar en el plan de Dios.

Vuelva al camino y siga la sabiduría de Dios. Él se encargará de lo demás, le restaurará y le dará sabiduría para el futuro. No viva en condenación, miedo o preocupación. Si usted confía y procura Su Palabra, tendrá gracia divina y la guía para las cosas que Él le ha llamado a hacer.

LA LUZ DE LA PALABRA DE DIOS

La Palabra de Dios también es luz. Sin ella estamos en oscuridad. En el Salmo 119:105 RV, David le declara a Dios "Lámpara es a mis pies Tu Palabra y lumbrera a mi camino." La traducción del mismo pasaje en la versión en inglés The Message dice, "Por Tus palabras yo puedo ver a donde voy, son un rayo de luz en mi camino." Esto quiere decir que Dios nos da dirección para cada paso que Él quiere que tomemos diariamente. No se queda ahí, Él también es la luz para nuestro camino. En otras palabras, Su Palabra es una luz para nuestros planes a largo plazo y Él nos dará la dirección para nuestro futuro. "La exposición de tus palabras alumbra; hace entender a los sencillos" (Salmos 119:130 RV).

En estos tiempos, necesitamos la sabiduría de Dios como nunca antes. No podemos depender solamente de la sabiduría humana o el intelecto del hombre; necesitamos revelación del conocimiento sobrenatural, para vivir la vida que Dios nos ha llamado a vivir llevando a cabo Su propósito.

Todos los días, constantemente, tomamos decisiones que marcarán el resto de nuestras vidas. Como, a que universidad vamos a ir, que carrera tomar, donde vamos a trabajar, con quien vamos a salir, con quién y cuando nos vamos a casar, etc. Con todas estas preguntas en mente, definitivamente necesitamos la sabiduría de Dios como nunca antes, sino nos desviaremos.

Necesitamos quedarnos y caminar en el camino que Dios ha diseñado y destinado para nosotros. "...Reconócelo en todos tus caminos, y él allanará tus sendas" (Proverbios 3:6 NVI). Debemos reconocerlo todos los días. Dios tiene un propósito para cada día y nos dice que si lo ponemos primero, Él dirigirá nuestros pasos. Todos necesitamos dirección en una o más áreas de nuestras vidas. Tal vez decimos, "Bueno, está bien, pero en la Biblia no dice exactamente el nombre de la persona con la que me debo casar o cual trabajo tomar." Pero mientras usted se da la oportunidad de conocer a Jesús pasando tiempo en Su Palabra, también empezará a conocer Su voluntad, Sus caminos y Su carácter. Aprenderá a conocer Su voz y la del Espíritu Santo cuando le diga, "éste es el camino, camina en él." Él le dará dirección concerniente a la persona con la que se va a casar o la universidad que debe ir. Tal vez no vea estas cosas literalmente escritas en Su Palabra, pero Dios promete que si buscamos sabiduría, seremos dirigidos por Él.

DESPIERTE PARA ESCUCHAR

Todas las mañanas me despierta, y también me despierta el oído, para que escuche como los discípulos. El Señor omnipotente me ha abierto los oídos, y no he sido rebelde ni me he vuelto atrás.

Isaías 50:4-5 NVI

Cuando suena la alarma en la mañana y voy a despertar a mis hijos para la escuela, una de las primeras cosas que preguntan es por comida. Mi hijo Isaac de siete años, es un niño que está creciendo y a él específicamente, le fascinan los desayunos grandes, que incluyan huevos, tocino, panqueques, cereal y frutas. Por el otro lado, mi hija Elizabeth rara vez tiene hambre, pero aún así me aseguro de que coma algo porque necesita alimentarse. Como madre yo quiero asegurarme de que mis hijos tengan la energía que necesitan para el día.

De la misma forma creo que nuestro Padre Celestial nos está despertando para que lo busquemos a Él primero y así recibir el alimento que necesitamos día tras día. Solo así, es que encontraremos la asignación y el plan diseñado para nuestras vidas. La Palabra de Dios es como la comida para nuestro espíritu. De hecho, Jesús se llamó a sí mismo el Pan de Vida. El pan que la gente comían en los tiempos bíblicos era considerado el platillo principal. Básicamente lo que Jesús está diciendo es que Él es lo *principal*. Él es la fuente de vida. "Yo soy el pan de vida. El que a mí viene nunca tendrá hambre, y el que en mí cree no tendrá sed jamás" (Juan 6:35 RV).

En Éxodos 16, cuando los hijos de Israel estaban en el desierto, Dios hizo que de una forma sobrenatural lloviera maná (pan) del cielo cada día. A ellos se les dio instrucción de no tomar más de lo que necesitaban para ese día, sino se les echaba a perder. Dios le pidió a los israelitas que confiaran en Él para la provisión y alimento de cada día.

En la misma forma creo que Dios tiene "maná" fresco o comida espiritual para cada día – una palabra fresca para fortalecernos y guiarnos. Tenemos que buscarlo como nuestra fuente de vida diariamente. "Deseen (tengan sed, anhelen fuertemente) como niños recién nacidos la leche pura (sin contaminación) espiritual, para que puedan ser nutridos y crezcan [completamente] en la salvación" (1 Pedro 2:2 AMP versión del inglés, traducido literalmente).

Necesitamos despertar nuestros espíritus a que tengan hambre y sed de la Palabra de Dios y de Su presencia. Mientras le busquemos y afinemos nuestro oído a Su voz, descubriremos muchos tesoros.

4
ARMADOS Y PELIGROSOS

Cuando me mudé por primera vez a Hong Kong, decidí salir a correr un día en el complejo de apartamentos donde vivía. Mientras corría, doblé en una esquina para encontrarme con algo que solamente había visto en películas. ¡Delante de mí había una mujer china apuntándome con una gran espada Samurai!

Mientras paré y miré para todas partes pude notar que no estaba sola – había un grupo completo de mujeres con ella. Estaban haciendo guardia con sus espadas desenvainadas, practicando formas de las artes marciales. Sus ojos estaban fijos y determinados, no parecía que se iban a mover para que yo pudiera pasar. Tan pronto como pude doblé a la derecha y corrí en la dirección opuesta. Esa fue mi bienvenida cuando llegué a Asia.

Mas tarde, mientras recordaba aquella historia reconocí el contraste relevante que tiene con nuestras vidas como creyentes. La segunda declaración en Isaías 52:1 NVI dice, "vístete de fuerza." En la traducción de la Biblia en inglés The Message dice, "ponte tus botas," lo que simboliza prepararse para tomar acción.

Es sumamente crucial, entender que en esta carrera de la vida que estamos corriendo, el enemigo va tratar de pararnos y de aguantarnos, para que no llevemos a cabo nuestro destino. Si no estamos preparados daremos media vuelta y nos rendiremos. Por eso es que Dios dice que tenemos que vestirnos de fuerza.

¿Cómo hacemos esto? Isaías 40:31 dice "mas los que esperan en Jehová (los que ponen su confianza, su fe en el Señor) tendrán nuevas fuerzas, levantarán alas como las águilas, correrán y no se cansarán, caminarán y no se fatigarán" (RV, énfasis añadido por la autora). Nos vestimos de fuerza diariamente mientras pasamos tiempo meditando en la Palabra de Dios, hablándola con valentía y levantando nuestra adoración a Él.

EL LUGAR DE FUERZAS

El lugar secreto de fuerzas se encuentra en Su presencia. El rey David clamó al Señor en el Salmo 27:

> *"Una cosa he demandado a Jehová, ésta buscaré: que esté yo en la casa de Jehová todos los días de mi vida, para contemplar la hermosura de Jehová y para buscarlo en su Templo. Él me esconderá en su Tabernáculo en el día del mal; me ocultará en lo reservado de su morada; sobre una roca me pondrá en alto. Mi corazón ha dicho de ti: «Buscad mi rostro.» Tu rostro buscaré, Jehová; Hubiera yo desmayado, si no creyera que he de ver la bondad de Jehová en la tierra de los vivientes. ¡Espera en Jehová! ¡Esfuérzate y aliéntese tu corazón! ¡Sí, espera en Jehová!"*
> Salmo 27:4-5,8,13-14

Esperar en el Señor significa poner en Él nuestra esperanza, mirada, confianza y fe. Requiere entender que hay un tiempo para sentarse y simplemente esperar. Usted puede hacer esto a través del día. Puede poner su fe y expectativas en el Señor, en lo que haga y durante cualquier situación que esté enfrentando. Esperar en el Señor fortalecerá su corazón. "Él da esfuerzo al cansado y multiplica las fuerzas al que no tiene ningunas. Los muchachos se fatigan y se cansan, los jóvenes flaquean y caen; mas los que esperan en Jehová tendrán nuevas fuerzas, levantarán alas como las águilas, correrán y no se cansarán, caminarán y no se fatigarán"(Isaías 40:29-32).

Todos enfrentamos el agotamiento, pero la Biblia promete que si hacemos de Dios nuestra meta y deseo de cada día, tendremos nuevas fuerzas para la visión que Él ha puesto en nuestro corazón. Tendremos las fuerza para decir que no a la tentación y terminar las cosas que Dios nos ha asignado. Pero necesitamos una infusión de Sus fuerzas diariamente y esto viene si esperamos en Él.

Hay recompensa en buscar a Dios consistentemente, aún cuando nadie nos está mirando. Cuando usted lo está buscando a Él, lo que está haciendo es fortaleciendo su espíritu, para vencer los ataques del enemigo. "Pero tú, cuando ores, entra en tu cuarto, cierra la puerta y ora a tu Padre que está en secreto; y tu Padre, que ve en lo secreto, te recompensará en público" (Mateo 6:6 RV).

ALIMENTE SU FE

Entonces, ¿cómo nos mantenemos fuertes en la fe? Alimentándola con regularidad. Para que una planta crezca tiene que ser alimentada. Necesita recibir agua y luz solar, las yerbas necesitan ser arrancadas y la tierra tiene que ser preparada apropiadamente para que la planta pueda crecer sin limitaciones. Así mismo es nuestra fe. A cada uno se nos ha dado una medida de fe como la semilla de mostaza (Mateo 17:20). "Así que la fe viene por el oír, y el oír, por la palabra de Dios" (Romanos 10:17). Cuando escuchamos o leemos la Palabra de Dios, es como una semilla plantada en nuestro corazón. Pero si el miedo y la duda ahogan esa palabra, no crecerá. (Mateo 13). Necesitamos alimentar nuestra fe en Dios con regularidad, escuchando la Palabra predicada en la iglesia, de igual forma tomando tiempo para meditar y leerla todos los días. Si solamente escuchamos la Palabra los domingos, entonces, durante la semana los quehaceres de la vida nos abrumarán. Por eso es que tenemos que alimentar lo que la Palabra de Dios dice día tras día. No podemos permitir que los asuntos de la vida lleguen a ahogar la Palabra de nuestro corazón.

Como seguidores de Dios, somos llamados a vivir por fe (Hebreos 10:38). Recibimos todo de Él, por fe. La salvación viene por la fe en Jesucristo (Romanos 10:9-10). La sanidad viene a través de la fe en Jesús (Lucas 8:48, 1 Pedro 2:24). De hecho, en Hebreos 6:12 dice que recibimos TODAS las promesas de Dios a través de la fe y la paciencia. Recibimos paz, gozo, sabiduría y provisión – todo esto a través de la fe en Jesús y en Su Palabra. No sólo eso, sino que en Hebreos 11:6 RV dice, "Pero sin fe es imposible agradar a Dios; porque es necesario que el que se acerca a Dios crea que le hay, y que es galardonador de los que le buscan." Entonces, a través de la fe recibimos de Dios y a través de la fe estamos agradándole también.

Jonathan, uno de los jóvenes de nuestra iglesia, fue diagnosticado con cáncer en su rodilla a la edad de 16 años. Era un corredor estrella y le habían ofrecido una beca para ir a la universidad. Los doctores decían que el cáncer era tan malo que iban a tener que amputarle su rodilla. Él y su familia tomaron la decisión de no decirle a nadie acerca del reporte negativo, tomaron dos semanas para enfocarse en la oración y a declarar la palabra de fe sobre su cuerpo. De hecho comenzaron a llamarlo *Jonathan Rodillas Nuevas*.

Llenaron su casa con un ambiente de fe tocando CD's con canciones y palabras de sanidad. Me llamaron para que fuera a orar como uno de los pastores de jóvenes de Jonathan, antes llegar, ya ellos habían tomado la decisión de creerle a Dios por un milagro. Después de dos semanas, fueron al doctor y no encontraron el cáncer. ¡Jonathan estaba totalmente sano!

En la Palabra, Dios nos ha dado todas las herramientas que necesitamos para vencer cualquier reto que enfrentemos.

> *Por último, fortalézcanse con el gran poder del Señor. Pónganse toda la armadura de Dios para que puedan hacer frente a las artimañas del diablo. Porque nuestra lucha no es contra seres humanos, sino contra poderes, contra autoridades, contra potestades que dominan este mundo de tinieblas, contra fuerzas espirituales malignas en las regiones celestiales. Por lo tanto, pónganse toda la armadura de Dios, para que cuando llegue el día malo puedan resistir hasta el fin con firmeza. Manténganse firmes, ceñidos con el cinturón de la verdad, protegidos por la coraza de justicia, y calzados con la disposición de proclamar el evangelio de la paz. Además de todo esto, tomen el escudo de la fe, con el cual pueden apagar todas las flechas encendidas del maligno. Tomen el casco de la salvación y la espada del Espíritu, que*

es la palabra de Dios. Oren en el Espíritu en todo momento, con peticiones y ruegos. Manténganse alerta y perseveren en oración por todos los santos.

Efesios 6:10-18 NVI

Se nos ha dado todo lo que necesitamos para la vida y la piedad. La espada del Espíritu, la cual es descrita en Efesios 6, es la Palabra hablada de Dios. Es nuestra arma en contra de las mentiras del enemigo. Pero necesitamos decidir "tomar" y levantar ese escudo de fe cuando los ataquen vengan a nosotros.

Hay poder cuando creemos y declaramos la Palabra de Dios con fe sobre nuestras vidas. Éste, es el espíritu de la fe: creemos y por lo tanto hablamos (2 Corintios 4:13). Cuando hablamos Su Palabra en medio de nuestros problemas, estamos levantando nuestra espada y usándola con autoridad como creyentes.

NUESTRA PELEA DE FE POR NUESTRO HIJO

En nuestra familia, Caleb y yo hemos tenido tomar una postura de fe para muchas cosas, pero como madre, una de las más difíciles fue por la salud de mi hijo. Durante nuestro primer viaje a Hong Kong Isaac tuvo una reacción alérgica a algo y paró de respirar en el avión. Le dieron RCP (resucitación cardiopulmonar) y le pusieron un tanque de oxígeno. Finalmente comenzó a respirar, pero tuvo otro episodio en el avión a tan solo unas cuantas horas del primero.

Cuando aterrizamos, fuimos directamente al doctor y al otro día fue admitido en el hospital. Estaba muy débil y después de los exámenes médicos, uno de los doctores nos informó que tal vez iba a sufrir efectos a largo plazo por el incidente. Así, que, Caleb y yo comenzamos a orar por un milagro.

La próxima semana volamos a Singapur y mientras estábamos allí Isaac tuvo otro episodio. De Singapur estábamos programados para volar a las Filipinas. El miedo trató de apoderarse de mí, ya que no tenía idea si le iba a volver a suceder lo mismo si viajábamos. Pero oramos y sentimos que debíamos ir.

Esa semana en las Filipinas, recuerdo estar en el hotel sintiéndome abrumada por el miedo, no tan solo por la salud de mi hijo sino por la movida al campo misionero también. En aquel momento el Señor me habló al corazón y me dijo, "Canta Sarah. Adórame." Estaba cansada y no tenía deseos de cantar, el enemigo estaba tratando de sembrar mentiras de temor en mi corazón diciendo, "¿porqué estás aquí? ¿Escuchaste verdaderamente de Dios acerca de tu movida para este lugar? Necesitas regresar a tu casa y darte por vencida."

Pero en quietud, en aquel cuarto sola, con lágrimas bajando por mis mejillas, comencé a cantar.

Mientras cantaba, la fe comenzó a despertarse en mi corazón y mi enfoque cambió de la situación que estaba viviendo, a la grandeza de Dios. Recibí la victoria en mi corazón. Inmediatamente, comencé a declarar la Palabra sobre la vida de mi hijo con fe. Yo declaré que estaba sano por el Señor y que por las llagas de Jesús el había sido redimido de la maldición.

Esto me recordó la historia en 2 Crónicas 20:3 cuando el rey Josafat estaba enfrentando un ataque de la gente de Moab y Amón. Dice que él tuvo miedo pero solo por un momento, porque inmediatamente comenzó a buscar a Dios. Dios le habló en el verso 15 diciéndole, "¡La batalla no es tuya es mía!" Josafat envió a los adoradores al frente del ejército y cuando comenzaron a adorar a Dios, Él envió emboscadas en contra de la gente de Moab y Amón y fueron derrotados. El rey Josafat enfrentó una situación imposible, pero en lugar de correr y huir con miedo, buscó a Dios en fe y Dios le dio dirección. La adoración es guerra espiritual.

Durante aquel tiempo mientras adoraba, la fe se despertó en mi corazón y comencé a declarar la Palabra de Dios sobre Isaac. Tomé la espada del Espíritu y valientemente declaré que él estaba sano por las heridas de Jesús (1 Pedro 2:24). Declaré que iba a vivir y no a morir para declarar las obras del Señor. Hablé vida, salud y fuerzas sobre el cuerpo de mi hijo.

Mientras le pedía sabiduría a Dios, Él comenzó a mostrarme cosas naturales que podía hacer para ayudar a Isaac en su recuperación. Tomamos una postura de fe esa semana, Isaac recobró fuerzas y no ha tenido más convulsiones desde ese día. Le damos la gloria a Dios que está sano y saludable.

Yo creo que la alabanza es un arma poderosa en contra del enemigo. Cuando alabamos a Dios el camino se abre. Él puede operar un milagro no importando la situación que estemos enfrentando con relación a nuestra salud, finanzas, familia o profesión. Pero necesitamos tomar la decisión de vivir en fe, no en temor, declarando lo que la Palabra de Dios dice, no como nos sentimos.

Tal vez Dios ha puesto sueños en su corazón o le ha dado una visión para su futuro. Si es así, necesita actuar en fe para lograrlo. Haga lo que Él le está diciendo. Continúe alimentando su fe, meditando en lo que dice Su Palabra, luego actúe basado en esa fe y comenzará a ver milagros. Este no es el tiempo para que vivamos con un espíritu de temor, sino de Su poder, amor y con una mente clara. Estamos armados y somos peligrosos para el enemigo, así que vístase de fuerza y pelee la buena batalla de la fe.

5
SACÚDASE

Hay una parábola antigua, acerca de un granjero que tenía un burro, el cual cayó en un hoyo bien profundo. Al ver la profundidad del hoyo, el granjero asumió que el burro estaba muerto, figurando que no lo podía sacar, decidió rellenar el hoyo con tierra para prevenir que le sucediera algo similar a otros animales. Mientras tanto el burro confundido pero no herido (sobrevivió la caída), trataba de procesar que había sucedido. Cuando se paró en medio del hoyo, sintió un montón de tierra caer fuertemente sobre sus espaladas.

El burro se asustó. ¡Realizó que estaba a punto de ser enterrado vivo! De repente tuvo una idea. Sacudirse la tierra. Casi inmediatamente, otro montón de tierra le calló encima y se volvió a sacudir. Después de un rato, se dio cuenta que había sacudido tanta tierra que se había formado una montañita debajo de sus pies. Comenzó a pararse en la tierra mientras esta se acumulaba. Para cuando llegó la noche, el burro se había sacudido tanta tierra que pudo salir de aquel hoyo caminando por sí solo e ileso.

Esto es exactamente lo que nos anima a hacer el escritor de Isaías 52:1, a sacudirnos el polvo. Obviamente, no estamos atascados literalmente en un hoyo; entonces, ¿a qué tipo de tierra se está refiriendo Isaías? Él está hablando de todo lo que nos impide levantarnos y completar nuestra asignación. El polvo es algo que no permite que un objeto brille. Puede simbolizar miedo, duda o vergüenza. Usted y yo tenemos que sacudirnos las mentiras del enemigo, las cuales nos están privando de brillar en medio de la oscuridad.

Cada vez que estamos en el proceso de llevar a cabo nuestra asignación, se van a presentar muchas distracciones que tratarán de impedirnos llegar a la meta y cumplirla. Esto sucede, porque el enemigo conoce el potencial que reside en nosotros, él hará cualquier cosa para mantenernos en temor y así no salgamos de lo confortable hacia algo mejor o más grande. Necesitamos despertar y realizar que estamos vivos para "este mismo tiempo." Dios tiene un propósito con nosotros que tenemos que llevar a cabo, así que es tiempo de salir del hoyo, sacudirnos el polvo y levantarnos como luz en este mundo.

SALGA DE LA CUEVA

En Jueces 6, encontramos la historia de un hombre llamado Gedeón. Gedeón era un israelita que vivía en una cueva en todo el sentido de la palabra. Durante este tiempo, los hijos de Israel se habían alejado de Dios. Comenzaron a adorar a otros dioses y se salieron de la protección de Dios. Los medianitas (sus enemigos) tomaron el control por siete años, causando así que los israelitas se fueran a vivir en cuevas para esconderse de ellos. Básicamente, los israelitas vivían en un estado de esclavitud y miedo constante.

Mientras Gedeón se escondía en una cueva, sus ojos fueron abiertos a las promesas que Dios tenía para él. El ángel del Señor le trajo una palabra necesaria para aquel momento: "Y el ángel de Jehová se le apareció, y le dijo: Jehová está contigo, varón esforzado y valiente" (Jueces 6:12 RV).

Dios estaba llamando las cosas que no eran como si fuesen (Romanos 4:17 NVI). Gedeón no era un líder fuerte ni seguro de sí mismo todavía, esto quedó demostrado en su temerosa respuesta. En el verso 13 preguntó, "Ah, señor mío, si Jehová está con nosotros, ¿por qué nos ha sobrevenido todo esto? ¿Dónde están todas esas maravillas que nuestros padres nos han contado?" (RV).

Dios respondió de una manera sencilla, al decirle, "Ve con esta tu fuerza, y salvarás a Israel de la mano de los madianitas. ¿No te envío yo?" (v. 14 RV). Pero Gedeón nuevamente muestra su miedo al compararse con otros. Preguntó, "¿Pero yo? Si soy el más pequeño y el más débil. ¿Que poseo? ¿ Dios, porqué me estás escogiendo a mí?" (estoy parafraseando el verso 15).

La comparación y la duda, ambas, son distracciones que nos encontramos en el camino donde estamos para cumplir nuestro destino. Es fácil dudar de Dios y pensar, *Bueno, si Dios está verdaderamente conmigo, ¿porqué me están sucediendo todas estas cosas?* La verdad es que no vemos el panorama completo como Dios lo ve. Cuando nosotros vemos una batalla, Él lo que ve es una victoria.

Cuando somos tentados a compararnos, necesitamos recordar que Dios jamás nos ayudará a convertirnos en alguien que no sea la persona que Él creó. Una vez que Gedeón se sacudió las mentiras de la comparación y la duda, Dios comenzó a usarlo grandemente y pudo llevar a cabo su destino. Lo mismo puede suceder con nosotros.

Tal vez en este momento, usted ha comenzado a reconocer el polvo con el que ha estado lidiando. Puede ser temor, fracaso o vergüenza de su pasado. Lo que sea, es tiempo de sacudirlo. ¿Cómo? Vistiéndose de fuerza – renovando su mente a través de la Palabra de Dios y llevando cautivo todo pensamiento negativo. "Las armas con que luchamos no son del mundo, sino que tienen el poder divino para derribar fortalezas. Destruimos argumentos y toda altivez que se levanta contra el conocimiento de Dios, y llevamos cautivo todo pensamiento para que se someta a Cristo" (2 Corintios 10:4-5 NVI).

La pesadilla más grande del diablo es que usted y yo nos despertemos y reconozcamos nuestra autoridad en Cristo. A él le encantaría privarnos de llevar a cabo nuestros sueños y propósito trayendo pensamientos de temor, comparación y desánimo. Así que sacúdase las mentiras del enemigo y realice que Cristo está en usted.

¡DIOS ESTÁ CON USTED!

La historia de Gedeón en Jueces 6:16 RV dice, "Jehová le dijo: Ciertamente yo estaré contigo, y derrotarás a los madianitas como a un solo hombre." Vemos algo similar con Moisés cuando Dios le habla diciendo, "Ve, porque yo estaré contigo" (Éxodo 3:12 RV). Si Dios es con usted, ciertamente nadie podrá en su contra. Si Dios guarda sus espaldas, no tiene porqué temer a lo que la gente pueda decir o pensar, ya que Él está con usted. Le ayudará y le dará las palabras que tenga que decir. Cuando Gedeón se rindió y fue obediente, el poder de Dios vino sobre él y Dios comenzó a usarlo. "...Entonces el Espíritu de Jehová vino sobre Gedeón..." (Jueces 6:34 RV).

El Antiguo Testamento habla de cómo el Espíritu del Señor venía sobre algún individuo. Pero es diferente el en Nuevo Testamento, porque para aquellos que reciben a Cristo, hay promesa de que Él estará en nosotros. Tenemos al Espíritu de Dios 24/7, algo que no tenía Gedeón, porque está con nosotros todo el tiempo para guiarnos a toda verdad (Juan 16:13). "Pero recibiréis poder, cuando haya venido sobre vosotros el Espíritu Santo, y me seréis testigos en Jerusalén, en toda Judea, en Samaria, y hasta lo último de la tierra" (Hechos 1:8 RV). El poder del Espíritu Santo está en nosotros para empoderarnos y de esta manera llevar a cabo la asignación de Dios sobre nuestras vidas.

AVENTURAS EN ÁFRICA

Si experimentamos temor sobre alguna situación, no significa necesariamente que Dios está diciendo "no lo hagas". De hecho, en muchas ocasiones cuando nos estamos moviendo hacia delante en el propósito de Dios, vamos a sentir algo de temor. Pero no se retire. Tome valor para hacer lo que Dios le ha llamado a hacer, no importa como se sienta. Confíe que Dios está con usted.

Cuando tenía 16 años, fui con un grupo de jóvenes de nuestra iglesia a Ghana al oeste del África. En medio del viaje, nuestros líderes nos dividieron en pares y nos llevaron a un lugar remoto donde habían aldeas. Nos dijeron que pasaríamos la noche allí y que nos tocaba ministrar al otro día en la iglesia.

Nos quedamos en una casucha hecha de lodo y pasto, sin electricidad, agua o teléfonos celulares. Mis compañeras eran, una joven de 13 años la cual nunca había estado en un viaje misionero y la hija de un misionero que tenía 16 años al igual que yo.

Las tres estábamos en medio de un sitio totalmente desconocido. Para completar, el pastor me pidió específicamente que predicara por una hora en el servicio. Nunca, había yo predicado un sermón completo en mi vida. Inmediatamente me encontré deseando algunos de los libros que mi papá usaba para predicar, todo lo que tenía era mi Biblia. (Aprendí ese día que si lo único que tengo es la Biblia, es más que suficiente).

Esa noche mientras me iba a dormir en el suelo debajo de mi mosquitero oré así, *Dios por favor tienes que ayudarme*. De repente, empezaron a escucharse tambores y personas cantando afuera. El médico brujo se enteró que nosotras estábamos allí y no estaba contento. El temor trató de apoderarse de mí y comencé a imaginarme todas las cosas que podían suceder. Yo sabía que tenía que tomar autoridad sobre aquellos pensamientos y declaré la Palabra, "Porque no nos ha dado Dios espíritu de cobardía, sino de poder, de amor y de dominio propio" (2 Timoteo 1:7).

Mientras pensaba en la misión que tenía al otro día, el temor comenzó a acecharme nuevamente y el Espíritu Santo me recordó a Jeremías. Cuando Dios lo llamó a ser un vocero de Él, Jeremías dijo, «¡Ah, Señor mi Dios! ¡Soy muy joven, y no sé hablar!» Pero el Señor me dijo: «No digas: "Soy muy joven", porque vas a ir adondequiera que yo te envíe, y vas a decir todo lo que yo te ordene. No le temas a nadie, que yo estoy contigo para librarte.» Lo afirma el Señor. (Jeremías 1:6-8 NVI)

Mientras oraba esa noche, Dios comenzó a mostrarme las escrituras que la gente necesitaba escuchar. No había realizado lo que esta iglesia estaba enfrentando, recientemente había muerto uno de sus ancianos, pero Dios me dio Romanos 8 y era exactamente lo que ellos necesitaban escuchar para ser fortalecidos. Estas palabras siguen siendo tan poderosas hoy como lo fueron aquel día: "¿Qué, pues, diremos a esto? Si Dios es por nosotros, ¿quién contra nosotros?... ¿Quién nos separará del amor de Cristo? ¿Tribulación, o angustia, o persecución, o hambre, o desnudez, o peligro, o espada?... Antes, en todas estas cosas somos más que vencedores por medio de aquel que nos amó. Por lo cual estoy seguro de que ni la muerte ni la vida, ni ángeles ni principados ni potestades, ni lo presente ni lo por venir, ni lo alto ni lo profundo, ni ninguna otra cosa creada nos podrá separar del amor de Dios, que es en Cristo Jesús, Señor nuestro" (Romanos 8:31,35,37-39 RV).

El mensaje trajo esperanza a la gente de aquella aldea ese día, respondieron al llamado del altar con lágrimas de gozo. Aunque yo era joven, tuve que comprender que si Dios me había llamado a ir y hablarles, Él me iba a dar las palabras para declararlas con poder. Dios se movió de una manera increíble ese fin de semana, muchos fueron sanados por Su poder y recibieron salvación. "Ninguno tenga en poco tu juventud, sino sé ejemplo de los creyentes en palabra, conducta, amor, espíritu, fe y pureza" (1 Timoteo 4:12 RV).

Tal vez usted sea joven y diga, "Bueno, voy a hacer algo para Dios cuando tenga más edad, cuando salga de la escuela o cuando mis hijos estén grandes." Pero le quiero animar a comenzar donde está hoy, con lo que tiene en este momento – sus oportunidades y talentos – haga algo para Dios. No tenga miedo. Mientras más se dilate en responder a Su llamado, más "inseguridad" sentirá. Este es el peligro de la postergación – trae duda e inseguridad, lo cual lleva a la desobediencia y al fracaso. Recuerde, Dios es por usted y a través de Él somos más que vencedores.

VENZA EL TEMOR DEL PASADO

Recuerda como David era tan sólo un adolescente cuando Dios lo usó para matar a un gigante. Todo lo que tenía era una honda y cinco piedras. Esto no era mucho si lo comparamos con todos los demás, pero él no permitió que el miedo o la falta de experiencia lo detuvieran. Él conocía lo grande que era su Dios, así que se sacudió el polvo.

Cuando todo el mundo se estaba escondiendo por el miedo, David derrotó a Goliat y cumplió con su asignación. Así, que le animo hoy, no deje que nada lo detenga y lo prive de lo que Dios le ha llamado a hacer. Despierte a lo que Él está diciendo, vístase de fuerza, sacúdase las mentiras del enemigo y corra con confianza y seguridad la carrera que tiene por delante. Dios esta con usted y Su poder es más grande que cualquier cosa que el enemigo trate de hacer en su contra. ¡Sacúdase el polvo!

6
REFRESCADOS Y FLORECIENDO

Hay una historia de un anciano que vivía en una aldea de Austria cerca de las laderas de los Alpes. Muchos años atrás, el consejo del pueblo contrató a este anciano para que fuera el "guardián del manantial" y mantuviera la pureza de los estanques de agua en las montañas. El exceso de agua de estos estanques bajaba desde las montañas y alimentaba los hermosos ríos y manantiales que pasaban por la ciudad.

Fielmente el guardián del manantial vigilaba las montañas removiendo y limpiando las hojas, ramas y limo que pudiera contaminar el fluir del agua fresca. Al pasar del tiempo, la aldea se convirtió en un lugar muy popular para vacacionar. El agua era preciosa y las tierras se irrigaban naturalmente.

Pasaron los años. Una tarde durante la reunión anual del consejo del pueblo, los miembros estaban revisando el presupuesto. A uno de ellos le llamó la atención el salario que se le pagaba al guardián del manantial. Preguntó, "¿Quién es este anciano? ¿Porqué le seguimos pagando año tras año? Nunca nadie lo ve. No nos beneficia para nada, realmente ya no lo necesitamos."

El voto fue unánime, despidieron al hombre. Por varias semanas todo se mantuvo normal. Pero para cuando llegó el otoño, los árboles comenzaron a mudar sus hojas y pequeñas ramas empezaron a caer en los manantiales, impidiendo el fluir del agua. Una tarde alguien notó un color medio amarillento y marrón en el agua. Unos días más tarde se había oscurecido aún más. Las ruedas de los molinos finalmente pararon de funcionar. Los negocios cerca del agua tuvieron que cerrar. Los turistas ya no visitaban el pueblo. Eventualmente enfermedades comenzaron a propagarse por la aldea.

En seguida el consejo del pueblo entendió la importancia de cuidar el agua, así que volvieron a contratar al hombre, al cabo de varias semanas, el agua había restaurado su pureza.[*1] Así como el guardián del manantial, nosotros somos los guardianes de nuestro corazón. ¿Qué nos ayudará a mantenernos frescos y floreciendo cada día? Permitir que la vida de Dios fluya a través de las nuestras consistentemente y renovar nuestras mentes en Su Palabra continuamente.

> *Esto es lo que quiero que hagas, con la ayuda de Dios. Toma tu diario vivir, todo lo que encierra la vida – tu sueño, la comida, el trabajo, caminar etc... y ponlo delante de Dios como ofrenda. Abrazar lo que Dios hace por ti, es lo mejor que puedes hacer por Él. No te acomodes tanto a tu cultura para que no llegues a ambientarte inconscientemente. Por el contrario, presta tu atención a Dios. Serás cambiado de adentro hacia fuera. Reconoce rápidamente lo que Él espera de ti y responde. No como la cultura que te rodea la cual siempre está arrastrándote a su nivel de inmadurez, Dios saca lo mejor de ti y desarrolla una madurez completa en ti.*
> Romanos 12:1-2 MSG,
> Versión del inglés traducida literalmente

La versión de este pasaje en la Reina Valera lee de esta manera: "No os conforméis a este mundo, sino transformaos por medio de la renovación de vuestro entendimiento..." Diariamente hay tanta "basura" que trata de dañar nuestro corazón, como la amargura, envidia, celos, miedo, lascivia y auto-compasión. Por lo mismo necesitamos ser transformados continuamente a través de la renovación de nuestra mente con la Palabra de Dios. Solo así conoceremos Su perfecta voluntad.

La palabra *renovar* significa hacer algo nuevo, hacer que algo vuelva a una condición de excelencia, dar nuevas fuerzas espirituales, restaurar, refrescar, revivir, reconstruir y rejuvenecer. El diccionario Vines define *renovar la mente* como el "ajuste de la visión moral y espiritual junto con el pensamiento a la mente de Dios"[2]

¿Ha usado alguna vez el Internet cuando realiza que tiene que apretar el botón de actualización para refrescar la página del sitio Web donde estaba, porque estuvo fuera de la computadora por un rato? ¿Por qué? Por que lo que usted estaba viendo en la pantalla tal vez ya no estaba al día, ya que el Internet está constantemente recargando y usted se quiere asegurar de tener la información del momento.

Dios quiere que nuestros espíritus se refresquen y se renueven todos los días. Refrescar significa limpiar, revivir, dar vigor nuevo o espíritu nuevo. La palabra refrescar implica la necesidad de suplir algo para restaurar las fuerzas, el ánimo o el poder perdido. En la presencia de Dios el reabastecimiento toma lugar. Su habilidad natural lo puede llevar hasta cierto punto, pero mientra espera en Dios y pasa tiempo es Su presencia, sus fuerzas serán renovadas y le dará conocimiento fresco en las áreas que usted necesita.

En Romanos 12, la palabra *transformado* significa atravesar un cambio completo. Un ejemplo de esto es la *metamorfosis*, el proceso que pasa la oruga para convertirse en una mariposa. Mientras usted pasa tiempo en la Palabra de Dios, será *transformado* de adentro hacia afuera. Con la fortaleza de Dios, usted comenzará a hacer cosas que antes no podía hacer.

Estamos hechos de tres partes: espíritu, alma y cuerpo. Nuestro espíritu es lo que acepta a Cristo como nuestro Salvador cuando nacemos de nuevo. Nuestra alma está compuesta de nuestra mente, voluntad y emociones. Nuestro cuerpo es nuestro ser físico, que alberga nuestra alma y espíritu.

Nacimos de nuevo al recibir a Cristo como nuestro Salvador. Nuestro espíritu vino a ser una nueva creación en Él. "De modo que si alguno está en Cristo, nueva criatura es; las cosas viejas pasaron; he aquí todas son hechas nuevas" (2 Corintios 5:17 RV). Nuestro espíritu vino a ser nuevo, pero nuestras mentes todavía necesitan ser renovadas por la Palabra de Dios.

Nuestras actitudes y forma de pensar no cambian a menos que sean renovadas y transformadas por la Palabra de Dios. Solamente mientras invirtamos tiempo leyendo y meditando en ella, es que empezaremos a ver un cambio en nuestra manera de vivir. Será mucho más fácil cambiar nuestros hábitos, porque serán dos en contra de uno: *nuestro espíritu y mente venciendo los malos hábitos de nuestro cuerpo.*

LA LUCHA: ESPÍRITU vs. CARNE

¿Ha estado alguna vez en una lucha donde su espíritu quiere seguir a Dios pero su carne quiere ir en otra dirección? Su espíritu quiere hacer cosas para Él y obedecerle en todo lo que dice, pero si ha alimentado la carne un poco más que su espíritu, la carne va a dominar todo el tiempo. La carne ganará porque es más fuerte.

Muchos cristianos enfrentan esta batalla entre la carne y el espíritu dentro de ellos. Algunos batallan con pensamientos de temor, lascivia, perversión o adicción. Otros con odios en contra de alguien y esta batalla les ha causado abrigar resentimientos. Pero si buscamos el lugar secreto con Dios, encontraremos Su fuerza y poder para ganar esta batalla.

Un amigo de la familia batalló en el área de la pornografía. Se sentía atrapado. Estaba perdiendo su matrimonio y familia. Pero tomó la decisión de arrepentirse y buscar ayuda con hombres de Dios. Comenzó a rendir cuentas responsablemente y a renovar su mente con la Palabra. Pasaba tiempo meditando en ella y confesándola una y otra vez sobre sus pensamientos.

La verdad lo hizo libre. Fue transformado y venció la batalla de su carne. A consecuencia de esto, su matrimonio y familia se fortalecieron más que nunca. Todo esto fue el resultado de poner la Palabra de Dios primero en su vida.

Otra mujer, que también es parte de nuestra iglesia, había batallado con un desorden alimenticio por años. Ella dice que al pasar tiempo en la Palabra, su mente comenzó a renovarse al amor de Dios por ella. También entendió que la raíz de aquel desorden alimenticio, era la amargura que ella tenía hacia el hombre que la había abusado sexualmente cuando era una niña.

Cuando leyó las Escrituras y lo que decían acerca del perdón y el amor de Dios, tomó la decisión de perdonar a aquel hombre. Al hacerlo, la libertad llegó a su corazón y nunca más tuvo que batallar con aquel desorden de alimentación. Fue transformada al renovar su mente con la Palabra de Dios. Ahora ella y su esposo dirigen un trabajo de misiones en todo el mundo compartiendo con otros el poder libertador de Dios.

¿Cómo puede usted vencer tentaciones y cosas que le están atando? Antes que nada, vence, arrepintiéndose y removiendo influencias y pensamientos erróneos. Luego tiene que cambiar esos pensamientos negativos con lo que la Palabra de Dios dice acerca de su vida. Toma disciplina renovar su mente, pero vale la pena experimentar la libertad que Cristo ya pagó. Mientras alimenta su espíritu con la Palabra de Dios, se hará más fuerte y podrá vencer las tentaciones de la carne.

"...guarda tu corazón, porque de él mana la vida (Proverbios 4:23). Del corazón fluyen sus pensamientos, palabras y acciones. Cuando venga esa lucha a su mente y quiera traer negatividad a su corazón comience a declarar y a meditar en la Palabra. Le fortalecerá para que así pueda decir *no* a esas tentaciones. Así como el fortalecimiento físico, el espiritual es un proceso continuo, pero le aseguro que verá la recompensa de sus decisiones.

Dios nos ha dado esta verdad que nos hace libres. *"Dijo entonces Jesús a los judíos que habían creído en él: Si vosotros permaneciereis en mi palabra, seréis verdaderamente mis discípulos; y conoceréis la verdad, y la verdad os hará libre"* (Juan 8:31-32 RV). No importa cuánto sepamos de la Palabra, necesitamos meditar en ella continuamente. Si no nos alimentamos con regularidad de Su Palabra, iremos en retroceso sin darnos cuenta. La libertad se encuentra a través de ella.

Tal vez no haya tenido batallas con adicciones mayores, pero reconoce que Dios le está llamando a hacer más con los dones y talentos que Él ha puesto en su vida. De la única forma que podemos ir a otro nivel en lo que Dios nos está pidiendo, es meditando en Su palabra, ganando una mayor revelación de quienes somos en Cristo. También nos dará el poder para caminar en Su perfecta voluntad para nuestras vidas.

"Puede meditar en escrituras como:
- Soy la justicia de Dios en Cristo Jesús (2 Corintios 5:21)

- Ya no soy esclavo del pecado (Gálatas 2:4)
- Soy perdonado, aceptado y escogido por Jesús (Efesios 1-2)
- Tengo la mente de Cristo (1 Corintios 2:16)
- Todo lo puedo en Cristo que me fortalece (Filipenses 4:13)

Mientras medita en estas y otras promesas de la Palabra, recibirá una revelación del amor de Dios para usted junto con la libertad que tiene en Él."

VÍSTASE

Cuando usted renueva su mente, recibe un ajuar de ropa nuevo. Dios toma la suciedad del pecado, culpa, vergüenza, miedo y tormento y le da Su justicia, paz y gozo. "¡Revístete de poder! Jerusalén, ciudad santa, ponte tus vestidos de gala, que los incircuncisos e impuros no volverán a entrar en ti" (Isaías 52:1 NVI).

Dios le está diciendo a Su pueblo que son libres de su pasado. "Ponerse los vestidos de gala" simboliza los vestidos nuevos de justicia que hemos recibido. Cuando usted recibe a Cristo recibe Su justicia también y Él le limpia de sus pecados pasados.

Imagínese que le quiten un abrigo viejo, roto y sucio remplazándolo por uno nuevo y limpio. Eso es lo que Cristo ha hecho por nosotros en la cruz. Segunda de Corintios 5:21 nos dice que en Cristo hemos sido justificados. *Justificados* significa buena voluntad delante de Dios.

La Biblia continua diciendo que las cosas viejas (pecado, vergüenza) pasaron y todas son hechas nuevas. Necesitamos despertar y realizar que ya no somos esclavos del pecado, culpa ni vergüenza. Podemos vivir completamente a la justicia y el propósito de Dios para nuestras vidas. "En cuanto a la pasada manera de vivir, despojaos del viejo hombre, que está corrompido por los deseos engañosos, renovaos en el espíritu de vuestra mente, y vestíos del nuevo hombre, creado según Dios en la justicia y santidad de la verdad" (Efesios 4:22-24). Me gusta en la forma que lo expresa la traducción The Message (versión de la Biblia en inglés) en Romanos 13:14, "Vístanse en Cristo." ¿Cómo nos vestimos en Cristo y nos mantenemos despiertos a Su justicia? Renovando nuestra mente con lo que dice Su Palabra acerca de nosotros.

UNA VIDA FLORECIENTE

Antes de que Josué llevara a los israelitas a la tierra prometida – el área que se habían estado esforzando para obtener por cuarenta largos años – el Señor lo detuvo y le dio el secreto para tener una vida exitosa.

> *"Nunca se apartará de tu boca este libro de la Ley, sino que de día y de noche meditarás en él, para que guardes y hagas conforme a todo lo que está escrito en él, porque entonces harás prosperar tu camino y todo te saldrá bien. Mira que te mando que te esfuerces y seas valiente; no temas ni desmayes, porque Jehová, tu Dios, estará contigo dondequiera que vayas."*
>
> Josué 1:8-9

Josué era un hombre de una fe increíble. Lo admiro porque a pesar de todo lo que estaba en su contra, mantuvo un espíritu de fe. Dirigió a los hijos de Israel a la tierra prometida, porque decidió meditar en la Palabra día y noche. Decidió hacerla una prioridad en su vida.

Mientras medite en la Palabra, tendrá fuerzas nuevas para cada día. Tendrá la gracia para vencer las tentaciones y batallas que vienen a su mente, así podrá caminar en las cosas nuevas que Dios le ha llamado a hacer. En adición a esto, la Palabra de Dios provocará que usted florezca. Esta palabra, "florecer," significa crecer bien, estar en un lugar de influencia, ser exitoso, próspero, generoso y produciendo buen fruto. Dios no lo ha llamado simplemente a sobrevivir sino a progresar.

El justo florecerá como la palmera; crecerá como cedro en el Líbano. Plantados en la casa de Jehová, en los atrios de nuestro Dios florecerán. Aun en la vejez fructificarán; estarán vigorosos y verdes, para anunciar que Jehová, mi fortaleza, es recto y que en él no hay injusticia.

Salmos 92:12-15 RV

La palmera es mencionada en este pasaje como el ejemplo de como debe ser el pueblo de Dios. La palmera es conocida por su belleza, forma y propiedades medicinales. Cura enfermedades e infecciones y promueve la longevidad. Es una fuente de alimento, conocida por su dulzura, albergue y sombra. Es reconocida como un símbolo de gracia, elegancia, victoria, paz y bendición. Mientras más presionada es, más crece, lo que simboliza la habilidad de reponerse después de tiempos difíciles. Este verso dice que aún en su vejez, el justo permanecerá fresco y fructífero.

Podemos declarar esta verdad para nuestras vidas como seguidores de Cristo diciendo, "Señor, así como estamos plantados en Tu Palabra y en la casa del Señor, nos vamos a mantener refrescados y floreciendo, dando fruto sin importar cuántos años estemos en este planeta."

El Salmo 1:1-3 dice que aquellos que meditan en la Palabra de Dios son como árbol plantado junto a corrientes de agua, que da su fruto a su tiempo. Mientras nos mantenemos plantados en la Palabra de Dios, Él nos promete que daremos buen fruto. ¿Que es "buen fruto"? El buen fruto representa los atributos de Dios – amor, gozo, paz, paciencia, benignidad, bondad, fe, mansedumbre y dominio propio. Hay ocasiones donde pueda sentir que nada está sucediendo en lo exterior para cambiar la situación, pero si usted se queda arraigado en la Palabra los resultados le traerán paz.

No podemos producir nada de valor duradero en nuestras vidas a menos que estemos conectados a Jesús y a Su Palabra diariamente. Su Palabra es nuestra fuente de poder. Es como una lámpara conectada a un enchufe. La lámpara puede tener el potencial, pero si no está conectada, no puede producir luz. Es lo mismo con nuestras vidas. Para que podamos ser la luz de Dios en la tierra, tenemos que estar conectados a Él. En Juan 15, Jesús se compara con la vid y a nosotros con las ramas. Mientras estamos conectados a Su Palabra y escogemos caminar en amor los unos con los otros, nos mantendremos vigorosos y floreciendo.

RÍOS, NO RESERVAS

Dios nos ha llamado a ser ríos de Su amor, no reservas. Este principio me lo ilustraron cuando estuve en Israel con la foto del Mar de Galilea y el Mar Muerto. El Mar de Galilea es el cuerpo de aguadulce más grande de Israel. Se alimenta del Río Jordán el cual fluye desde el norte hasta el sur. Las costas de Galilea tienen un terreno rico en minerales, posibilitando así que las plantas florezcan y que los diferentes tipos de peces que viven en el Mar de Galilea, provean grandes ganancias a los pescadores.

Por el otro lado, nada vive en el Mar Muerto. No hay plantas ni algas de ninguna clase. El Mar Muerto se alimenta continuamente de ríos y arroyos de las montañas que lo rodean, pero nada sale de él, ningún río recibe de su agua. Como resultado está estancado, inactivo y nada puede sobrevivir en él.

De la misma forma, nuestras vidas pueden estancarse si recibimos mucho conocimiento de la Biblia sin darnos a otros con regularidad. Dios nos ha llamado no solo a recibir de Su Palabra día tras día, sino también a dar de Su amor y mensaje de esperanza a otros.

7
UNA VIDA DE AMOR

"Por tanto, imiten a Dios, como hijos muy amados, y lleven una vida de amor, así como Cristo nos amó y se entregó por nosotros como ofrenda y sacrificio fragante para Dios."
(Efesios 5:1-2 NVI)

Mi hija Elizabeth tiene 4 años y le encanta imitarme. Cuando me alisto en las mañanas, quiere hacer las mismas cosas que yo hago. Quiere vestirse y hacerse el pelo como su mami. Se pone prendas, maquillaje y tacones también. Hasta usa su bolsa y bufanda (mascada) como yo.

Tal como los niños pequeños imitan a sus padres, nosotros como hijos de Dios somos llamados a imitarlo a Él, en el mundo en que vivimos, mostrando el amor que alcanza al herido y al que está sin esperanza. Dondequiera que vamos hay gente herida con necesidad de amor, esperanza y ánimo. "Así, que como escogido de Dios para esta nueva vida de amor, vístete con el vestuario que Dios ha escogido para ti: compasión, amabilidad, humildad, fuerza y disciplina. Perdona rápida y completamente como el Maestro te perdonó. Sin importar de que estás vestido, no te olvides del amor. Es lo básico en todo vestuario, nunca salgas sin él" (Colosenses 3:12-14 MSG, traducción literal del inglés).

El amor siempre está de moda y se mira espectacular cuando lo traemos puesto. Dios dice que nos PONGAMOS el amor todos los días, sin importar nuestro estado de ánimo. El amar a otros es una decisión y aún cuando en algunas ocasiones es difícil, siempre vale la pena. "El amor de Cristo nos obliga, porque estamos convencidos de que uno murió por todos, y por consiguiente todos murieron. Y él murió por todos, para que los que viven ya no vivan para sí, sino para el que murió por ellos y fue resucitado" (2 Corintios 5:14-15 NVI).

Cada persona tiene valor para Dios. Las que conoce en el mercado, en el trabajo o en el autobús, todas son importantes para Él. Sea sensible y permita que Él le interrumpa, para que así pueda compartir Su amor con aquellos que tienen contacto con usted. Es increíble como el gozo se apodera de nosotros cuando dejamos de pensar de una forma egoísta y comenzamos a ayudar a otros. Amy Carmichael, un misionero en la India dijo, "Usted puede dar sin amor. Pero no puede amar sin dar."

No hace mucho, estaba en Carolina del Norte ministrando por un fin de semana. Ya íbamos de regreso a Tulsa, cuando nos dijeron que nuestro vuelo había sido cancelado y cerraron todo el aeropuerto. Decidimos tomar un taxi para ir a uno de los aeropuertos más cercanos y tomar otro vuelo.

Estábamos extremadamente cansados y queríamos dormir en el auto, pero la taxista abrió su corazón y comenzó a platicarnos acerca de su vida. Inmediatamente me dí cuenta que no me podía dormir. Nos contó de una gran tragedia que había sufrido en su familia. Mientras le dábamos palabra de aliento, Dios comenzó a moverse en su corazón. Le dijimos cuánto le amaba y como podía tener una relación con Él.

Cuando llegamos a nuestro destino, le pregunté si podía orar por ella y contestó afirmativamente. Después de la oración, lloró y expresó su gratitud por haber tomado el tiempo para hablar con ella. Al salirme del taxi, me dí cuenta que nuestro "atraso" fue en realidad una oportunidad divina para nosotros testificarle.

Este incidente me recordó la importancia de ser sensible y ver a otros a través de los ojos de Jesús. Daryl Burdick un hombre de nuestra iglesia, el cual ya partió con el Señor, solía decir, "Un momento de su tiempo puede significar la eternidad para alguien." Usted tiene la esperanza que este mundo necesita, usted puede ser la luz para otros – UNA persona a la vez.

LA GENTE AL OTRO LADO

Cuando Dios nos envía en una misión, no se queda en la orilla mientras zarpamos, gritándonos, "¡Estaré pensando en ti, déjame saber como te va!" No, ¡Él va con nosotros!

En Marcos 4:35 RV, Jesús le dijo a Sus discípulos, "Crucemos al otro lado." Así que Jesús y los discípulos se metieron en la barca para ir al otro lado. En el camino, se encontraron con una gran tormenta, pero Jesús estaba dormido. "...y le despertaron, y le dijeron: Maestro, ¿no tienes cuidado que perecemos? Y levantándose, reprendió al viento, y dijo al mar: Calla, enmudece. Y cesó el viento, y se hizo grande bonanza. Y les dijo: ¿Por qué estáis así amedrentados? ¿Cómo no tenéis fe?" (Marcos 4:38-40)

A los discípulos se les olvidó que JESÚS, el Hijo de Dios, estaba en la barca con ellos. Nunca olvide que Jesús está en su barca y le ayudará a llegar al otro lado. Cuando Jesús y sus discípulos llegaron, se encontraron con un hombre que estaba poseído por un demonio (Marcos 5:1-20). Al verlo, Jesús le ordenó a los espíritus inmundos que salieran de él. ¡Aquel hombre fue libre! Después, fue y le dijo a toda la región de Decápolis todo lo que Jesús había hecho por él.

Muchas veces, no realizamos que hay gente "al otro lado" de nuestra obediencia que necesitan el poder salvador y libertador de Dios. Nos enfrentamos a muchas tormentas, pero debemos recordar que Jesús está en la barca con nosotros y vamos a llegar al otro lado, para alcanzar a las personas que Él nos ha llamado a alcanzar.

EL EFECTO MULTIPLICADO DE SU OBEDIENCIA

Mi esposo y yo estuvimos en Quito, Ecuador, con un equipo de jóvenes de nuestra iglesia, ministrando por toda la ciudad. Un día, manejamos a la plaza pública, en la cual teníamos permiso para ministrar. Cuando llegamos vimos que había otro grupo allí, con una plataforma grande y equipo de sonido ya instalado.

Al bajarnos del autobús, realicé que estaban llevando acabo rituales religiosos de los Incas en el cual llamaban espíritus. Habían construido altares y estaban danzando alrededor de ellos, cantando e invocando a sus "dioses" para que los ayudaran. Cientos de personas habían rodeado al grupo para observar.

Cuando le pregunté al pastor de jóvenes de la iglesia local que nos acompañaba, si todavía podíamos poner nuestro sistema de sonido y ministrar a las personas, nos dijo que teníamos el permiso legal para hacerlo. Era nuestra decisión ministrar o no. Algunas de las personas que estaban con nosotros se preocuparon de molestar a este grupo religioso.

Siempre trato de ser muy cautelosa y sensible a la cultura de los países que visito, pero en aquel momento, al orar, sentí que no debíamos cancelar nuestros planes. Necesitábamos declarar el evangelio a todos los que estaban allí. Recordé la historia de Elías y los profetas de Baal en 1 Reyes 18. "Y acercándose Elías a todo el pueblo, dijo: ¿Hasta cuándo claudicaréis vosotros entre dos pensamientos? Si Jehová es Dios, seguidle; y si Baal, id en pos de él..." (vs. 21 RV).

Los profetas de Baal edificaron un altar a su dios, así que Elías edificó un altar a su Dios y le dijo al pueblo que el Dios que respondiera con fuego era el verdadero Dios (vs. 24). Todo el día, los profetas de Baal gritaban, se rompían sus ropas, gritaban y danzaban – pero nada sucedía. Entonces Elías hizo algo audaz, simplemente para probar que grande es Dios. Mojó el altar con agua tres veces, luego clamó a Dios y fuego cayó del cielo, consumiendo el altar. Cuando la gente vio esto, cayeron sobre sus rostros postrados ante Dios diciendo, "El Señor es Dios" (verso 39 RV).

¡Servimos a un Dios maravilloso! La gente que estaban en la plaza de Ecuador, habían estado invocando espíritus demoniacos todo el día para que los ayudaran y no habían recibido nada. Yo tenía la seguridad que mientras proclamáramos el evangelio de Jesús, Dios respondería por "fuego" y se mostraría poderoso en aquel lugar. Le dije a nuestro equipo que prepararan el sistema de sonido, comenzaran con nuestro programa y proclamaran que Jesús es el único camino, verdad y vida.

Vinieron personas del otro grupo religioso a decirnos que paráramos, pero continuamos. Cientos de personas comenzaron a reunirse alrededor de nosotros para mirar lo que estábamos haciendo. Cuando hicimos el primer llamado al altar, cuarenta personas respondieron y en el segundo llamado, sesenta más fueron salvas.

Creo que Jesús no solo vino a salvarnos de nuestros pecados pero también a sanarnos de nuestras enfermedades. Así, que lo próximo que hicimos fue preguntar si alguien necesitaba sanidad. Una mujer, la cual estaba sufriendo de un terrible dolor de espalada que le impedía doblarse, pasó al frente. Había buscado ayuda con doctores y todo lo que recibió fue una bolsa llena de medicamentos. Oré por ella y le dije que se doblara. Mientras lo hizo en fe, Jesús la sanó. Al enderezarse con lágrimas en los ojos gritó que el dolor había desaparecido.

La hija adolescente de esta mujer, se quedó atónita mientras fue testigo de la sanidad en su mamá a través del poder de Dios. Le pedí a la mujer que compartiera su testimonio para animar a otros a creer para la sanidad que necesitaban. Al hacerlo, muchos levantaron sus manos para recibir oración y salieron de aquel lugar con milagros físicos.

Para completar, había un policía que nos había estado observando mientras llevábamos a cabo nuestro programa, nos preguntó si había la posibilidad de llevar a nuestro equipo para ministrar esa tarde en su academia de policías. ¡El favor de Dios! Cuando llegamos, nos estaban esperando cien policías y al finalizar nuestra presentación cada uno de ellos le entregó su vida a Jesús.

Una mujer policía había llegado tarde y se quedó parada en la parte de atrás. Su rostro reflejaba depresión. Cuando me le acerqué el Señor me dio Palabra de Ciencia con referencia a su pasado. Sus ojos se llenaron de lágrimas. Estaba sin esperanza y sentía que no tenía motivos para seguir viviendo. Su familia la había abandonado a una temprana edad y desde entonces se había sentido completamente sola. Le platiqué de lo mucho que Jesús la amaba y me dijo que quería recibirlo como su Señor y Salvador. Cuando terminé de orar por ella, me miró fijamente a los ojos y me dijo, "¡Usted vino solo por mi!"

Cuando terminamos de platicar, realicé todo lo que había sucedido aquel día. Si no hubiéramos ministrado a pesar de la oposición que encaramos en la plaza esa mañana, nunca hubiéramos tenido la oportunidad de ir a la academia de policías y compartir el evangelio con aquella hermosa mujer. Nuestros pasos de obediencia tuvieron un efecto que se multiplicó en cientos de personas.

La decisión de dejar a un lado nuestros temores y caminar en el poder de Dios, nos dio la oportunidad de proclamar el evangelio a muchos que no tenían esperanza. Se da cuenta, que hay multitudes en el valle de la decisión y no podemos tener miedo de compartir con ellos la esperanza que tenemos en Jesús.

VIVA CON LA ETERNIDAD EN MENTE

Santiago 4:14 habla de que nuestra vida en la tierra es como una neblina que dura un poco y luego desaparece. Cuando vivimos con la eternidad en mente, estamos más listos para alcanzar a los que no han escuchado el Evangelio con el amor de Dios.

Cuando tenía 14 años de edad, nuestra casa se encendió en fuego en medio de la noche. Mi papá había estado sufriendo de unos dolores de espalda muy fuertes, así que se fue a dormir a la habitación de huéspedes, porque el colchón era más firme. También, esa noche, me había ido a dormir con mi mamá, algo que era muy raro para mí.

A las 2 de la mañana mi papá escuchó el sonido de una alarma. Al levantarse se dio cuenta que la casa estaba llena de humo. Comenzó a gritar, "¡Despierten, despierten, salgan de la casa que se está quemando!" Cuando nos despertamos no podíamos ver por todo el humo. Aún así mi papá, mi mamá, mi hermano John y yo logramos salir de la casa.

Mirando a nuestro alrededor, pudimos notar que mi hermana Ruthie y mi hermanito menor Paul estaban todavía dentro de la casa. Los ojos de mi papá ya estaban bien afectados casi quemados por el fuego, pero con gran valentía regresó, encontró a Ruthie y la sacó. Luego regresó una segunda vez para buscar a mi hermano Paul, que para ese entonces tenía solamente seis años. Estaba con las manos y las rodillas en el piso del pasillo esperando que alguien lo viniera a buscar. Papi solamente sintió su cabeza en la oscuridad, lo agarró por la camisa y lo sacó.

Estando todos ya fuera de la casa, comenzamos a correr a la calle de enfrente, cuando de repente toda la casa explotó en llamas. La casa entera fue consumida por el fuego, al llegar los bomberos, esperaban sacar cuerpos muertos. Preguntaron de quién era el dormitorio que estaba cerca de donde se originó el fuego, era mi cuarto. Uno de los bomberos nos informó que debido a donde estaba localizado el dormitorio, de haber estado allí hubiera quedado atrapada y las probabilidades de salir hubieran sido mínimas. Definitivamente fue un milagro que todos salimos con vida.

Nunca olvidaremos la valentía y el amor que papi demostró hacia nuestra familia ese día. Terminó hospitalizado por varias semanas debido al incidente con sus ojos y el daño que habían sufrido, pero a él no le importó. No le importó que sus ojos casi fueron quemados tanto como la urgencia de sacarnos a todos de aquella casa en llamas. En el hospital decía una y otra vez, "¡Los saqué a todos, los saqué a todos y ahora están a salvo!"

Esta historia siempre me recuerda la responsabilidad que tenemos como creyentes. Es tan fácil preocuparnos por lo que otros piensan de nosotros o como nos vemos, que no tomamos el tiempo para decirles que están dormidos en una "casa que arde en llamas," hablando en sentido figurado. Hay personas perdidas que van para el infierno sin el conocimiento de Jesús y nosotros tenemos la oportunidad de traerles la verdad. No digo esto para provocarle pesar, sino para que se pueda concientizar del destino eterno que les espera sin Cristo.

Necesitamos despertar a la urgencia del tiempo que estamos viviendo hoy. "...manténganse en el amor de Dios, ... mientras esperan que nuestro Señor Jesucristo, en su misericordia, les conceda vida eterna. Tengan compasión de los que dudan; a otros, sálvenlos arrebatándolos del fuego" (Judas 20-23 NVI).

Somos llamados embajadores de Cristo, para llevar a cabo una asignación divina: a compartir el mensaje de esperanza, sanidad y amor de Dios con el mundo, no importando nuestro campo de trabajo. Hebreos 10:24 nos dice que mientras vemos el día del Señor acercarse, debemos ver de que maneras podemos animarnos en amor y a las buenas obras (MSG versión traducida literalmente del inglés).

Hay oportunidades para compartir el amor de Jesús que dejamos pasar todos los días. Tenemos que escuchar el silbo apacible y ser obedientes a Sus indicaciones, para alcanzar a los que están en necesidad. Han habido momentos donde yo he perdido oportunidades por estar tan ocupada o ser egoísta para obedecer y me he tenido que arrepentir. Por otro lado, también he experimentado momentos maravillosos en la presencia de Dios después de haber tomado tiempo para compartir el amor de Jesús con alguien en necesidad. Cuando alcanzamos a los que están en necesidad, estamos literalmente pasando tiempo con Jesús. En esos momentos, comenzamos a escuchar lo que hace palpitar Su corazón – la gente.

LA ESTRELLA DE MAR

En diferentes ocasiones, he escuchado la historia de un niño que caminaba en la playa y vio miles de estrellas de mar en la orilla. Él sabía que iban a morir si se quedaban fuera del agua, así que comenzó a recogerlas una por una y a tirarlas de regreso al océano. Un anciano se le acercó y le preguntó, "¿que estás haciendo?" Él respondió, "estoy salvando estas estrellas de mar, sino las regreso al agua van a morir."

El anciano le dijo, "hijo, hay muchas millas en esta playa y miles de estrellas de mar, ¿que te hace pensar que esto hará una diferencia?" El niño lo escuchó por un momento y tomando una le dijo, "hará la diferencia en ESTA." Después de esto, el anciano se unió al niño para ayudar a salvar las estrellas de mar.

Hay momentos en que pensamos que lo poco que hacemos no hace la diferencia, pero sí la hace. Podemos hacer la diferencia UNA persona a la vez. Hay oportunidades en nuestra iglesia, comunidad y en el mundo, para envolvernos y ser la luz.

Dios nos está llamando a despertar de la depresión, miedo y dolor. Nos está llamando a levantarnos a la asignación divina que tiene para cada uno de nosotros y a caminar en Su amor hacia otros. Hay personas a nuestro alrededor que necesitan esto, así que vamos a usar la libertad que Cristo nos ha dado para vivir una vida de amor.

8
¿QUÉ TIENE EN SU MANO?

C uando Isaac mi hijo cumplió tres años, recibió como regalo su primera caña de pescar. De primera intención él no sabía lo que era, así que la dejó en una esquina llenándose de polvo. Al pasar el tiempo, la abrió y comenzó a usarla como una espada para atacar a su hermana. Después de esto pensé, necesito *llevarlo a pescar para enseñarle el propósito de esa caña de pescar.*

Como a mis padres les fascina pescar, ellos mismos se ofrecieron a llevarnos en una pequeña excursión de pesca. Cuando llegamos, mi papá le enseñó como atar la carnada y lanzar la línea. En solo minutos agarró un pescado pequeño. ¡Estaba feliz! Finalmente entendía el propósito de la caña de pescar. Desde entonces está listo para cada oportunidad que tiene para ir de pesca.

Algunas veces tal como Isaac, en nuestro caminar como creyentes podemos olvidar y hasta no realizar el propósito de las herramientas que Dios ha puesto en nuestras manos. Él nos ha dado a cada uno dones, talentos, oportunidades, influencias y recursos, pero no nos hacen ningún bien a menos que reconozcamos el propósito de ellos y el poder que está disponible para nosotros en Cristo.

En Éxodo 3 encontramos la historia del llamado de Dios sobre un hombre cuyo nombre es Moisés. Dios le dio instrucciones a Moisés para que sacara a Su pueblo de la esclavitud a la tierra que Él tenía para ellos. Pero Moisés tenía muchas inseguridades. En Éxodo 4:1 él cuestionó a Dios diciendo, "Ellos no me creerán, ni oirán mi voz" (RV). A lo que Dios simplemente respondió, ¿Qué es eso que tienes en tu mano? —Una vara —le respondió Moisés (RV).

Luego le dijo Dios, "Ahora ve; Yo te ayudaré, diré y te enseñaré lo que vas a decir, pero toma esa vara en tus manos. Con ella harás señales y maravillas" (parafraseado por la autora, versos 15-17). La vara en la mano de Moisés era simplemente una vara. Se usaba para pastorear a las ovejas. Pero Dios quería que con esa misma vara sacara a los hijos de Israel fuera de Egipto. De la misma forma, Dios quiere usar las cosas ordinarias que tenemos en nuestras manos – los dones, talentos, recursos, ideas y oportunidades – para hacer cosas extraordinarias para Su gloria. Mientras somos fieles para usar lo que tenemos en nuestras manos actualmente, Dios nos preparará para lo que nos tiene en el futuro. Como dijo Jesús, aquellos que son fieles en lo poco Yo los pondré sobre mucho (Mateo 25:23).

Otro ejemplo bíblico sobre esto lo encontramos en la historia de David. David era tan solo un niño que pastoreaba las ovejas de su padre día tras día. Cada vez que un oso o un león venía a atacar las ovejas, él usaba su honda para defenderlas. En 1 Samuel 17, cuando David escuchó sobre como el gigante filisteo llamado Goliat, se estaba burlando de Dios y desafiando al ejército de Israel, se le enfrentó. Él dijo, "¿quién es este filisteo incircunciso para que provoque a los escuadrones del Dios viviente? Yo mismo iré a pelear contra él."

David tomó lo que tenía en sus manos – cinco piedras lisas y su honda. Luego le contestó valientemente a Goliat, "Tú vienes contra mí con espada, lanza y jabalina, pero yo vengo a ti en el nombre del Señor

Todopoderoso... Hoy mismo el Señor te entregará en mis manos... Todos los que están aquí reconocerán que el Señor salva sin necesidad de espada ni de lanza. La batalla es del Señor, y él los entregará a ustedes en nuestras manos" (vs. 45-47 NVI).

Así que David tomó una piedra y la lanzó pegándole a Goliat en la cabeza. Para sorpresa del ejército, el gigante cayó al suelo. David usó lo que tenía en sus manos para derrotar al enemigo. Y usted puede hacer lo mismo. Dios ha puesto cosas en sus manos para derrotar al enemigo y traer libertad a otros.

Una de las mujeres de nuestra iglesia, que se desempañaba como ama de casa, estaba criando a sus hijos y quería hacer una diferencia. Tenía el talento de confeccionar joyería y decidió comenzar su propio negocio. Cada vez que tenía la oportunidad, daba un porcentaje de sus ventas a las misiones y a aquellos trabajando en contra del tráfico de niños. Dios comenzó a bendecir su negocio grandemente y hoy en día, es dueña de dos tiendas y hace negocio alrededor del mundo. Ella no dejó que el ser una ama de casa o vivir en los Estados Unidos la privara de hacer una diferencia en el mundo.

A través de su generosidad, nos ayudó a construir un pozo de agua potable en Cambodia y a proveer ropa, zapatos y libros para los huérfanos en nuestro orfanato Hope for Children. También nos ha ayudado con proyectos para restaurar mujeres que salen del tráfico sexual en Asia. Ella tomó lo que tenía en su mano y dejó que Dios lo multiplicara para bendecir a otros. Así, que no sólo ella ha sido bendecida, sino que también ha impactado las vidas de otros al otro lado del mundo por su generosidad.

En Marcos 6:35-39 vemos a Jesús enseñándole a una gran multitud. Los discípulos vinieron a Él y le dijeron, "Señor esta gente necesitan comer." Jesús les respondió, "denle ustedes de comer." La respuesta de los discípulos fue, "no hay forma en la que podamos alimentar a tanta gente, ni tampoco tenemos suficiente dinero para comprar comida."

Jesús les preguntó cuantos panes tenían. En otras palabras lo que estaba diciendo era, *¿qué tienen en sus manos?* Ellos habían encontrado a un niño que tenía cinco panes y dos peces. Aquel niño ofreció lo que tenía y Jesús lo bendijo y se lo dio a los discípulos para que lo distribuyeran. Cuando comenzaron a distribuirlo, su merienda alimentó a más de 5,000 personas. ¡Para completar hasta sobraron doce canastas!

Jesús tomó lo que aquel niño ofreció y lo multiplicó milagrosamente para bendecir a aquellas personas. De la misma forma, Dios puede tomar lo que le ofrecemos y aún cuando parezca pequeño e insignificante, multiplicarlo para bendecir naciones. Comience con lo que tiene y vea a Dios obrar.

Recientemente mi esposo y yo estábamos en Tailandia llevando a cabo un actividad evangelística para alcanzar a los perdidos. Me reuní con la directora de Life Impact International. Una mujer hispana y soltera, que fue al instituto bíblico y se mudó a Tailandia en el 2001. Estando allí se percató de la creciente epidemia del tráfico y la esclavitud infantil en el Sureste de Asia.

Ella no tenía mucho, pero empezó con lo que tenía y Dios la bendijo. Ayudó a establecer hogares de rescate en Tailandia, mayormente en la frontera de Burmese y hasta la fecha tiene 93 niños. El gobernador le dio una de sus casas para albergar a los niños y protegerlos de los traficantes. Cuando escuchaban que alguna niña iba a ser vendida, ellos iban y la comparaban de sus padres antes de que los traficantes llegaran.

Hoy, estos niños están siendo educados y criados en un hogar amoroso, porque esta mujer decidió no dejar que su sexo la privara de hacer una diferencia. Usó lo que tenía en su mano y Dios lo multiplicó. Si se lo permite Dios puede hacer tanto a través de usted. Podrá comenzar a realizar que estos dones no le fueron dados para su beneficio únicamente, sino para las personas que serán atraídas a Jesús a través de su obediencia también.

EL DON DEL ESPÍRITU SANTO

Además de los dones y talentos que Dios nos a dado individualmente compartimos también un don extremadamente poderoso - el Espíritu Santo. "Por eso te aconsejo que avives el fuego del don de Dios que está en ti... porque no nos ha dado Dios espíritu de cobardía, sino de poder, de amor y de dominio propio" (2 Timoteo 1:6-7 RV). La versión del inglés The Message dice, "Dios no quiere que seamos tímidos con sus dones, sino valientes, amorosos y sensibles.

Es tiempo de avivar el don de Dios que está en nosotros. Eso fue lo que hicieron Pedro y Juan en Hechos 3:1-9. Ellos iban de camino al templo para adorar cuando se encontraron con un cojo de nacimiento. Cuando él vio a Pedro y a Juan les pidió dinero. Pero Pedro le dijo, "No tengo plata ni oro, PERO LO QUE TENGO TE DOY: en el nombre de Jesucristo de Nazaret, levántate y anda" (v.6 RV). Tomándolo de la mano Pedro lo ayudó a levantarse e instantáneamente, los pies y tobillos de aquel hombre recobraron fuerzas. Brincó sobre sus pies y comenzó a caminar. ¡Luego se fue glorificando a Dios!

Tal vez sienta que no tienen mucho en comparación a otros, pero mi intención es que reconozca lo que sí tiene. El mismo Espíritu que levantó a Cristo de entre los muertos vive en usted. Dios no solamente está buscando a los que son capaces; Él está buscando a los que están dispuestos.

Cuando estaba pastoreando a los jóvenes de escuela secundaria, llevé un grupo del séptimo grado a México en un viaje misionero. Compartí con ellos estos mismos principios. Se apoderaron de ellos y los hicieron suyos con la fe de un niño, creyendo que Dios los podía usar. Esperaban poner sus manos sobre los enfermos y verlos sanar.

Un día, mientras ministrábamos por las calles, nos encontramos con una mujer ciega. Nos escuchó compartir acerca de Jesús y le dijo a los muchachos, "Yo creo que si ustedes oran por mi voy a recibir sanidad." Aquel grupo de muchachos de 12 años la rodearon y comenzaron a orar la oración de fe. La mujer comenzó a llorar y a gritar, porque había recibido la vista.

Estaba tan feliz que nos invitó a su hogar para celebrar lo que Jesús había hecho. ¿Pudieron estos muchachos sanar a esta mujer por ellos mismos? ¡No! ¿Estuvieron dispuestos y abiertos a dejar que el Espíritu de Dios trabajara a través de ellos? ¡Sí! Si Dios puede usar un grupo de adolescentes de 12 años para traer sanidad a la vida de alguien, Él le puede usar a usted también.

Usted posee un propósito divino. Es hijo (a) hija del Altísimo. Usted tiene el poder del Dios viviente dentro de usted; también es creativo (a) poseyendo talento y dones únicos que Dios le ha dado para alcanzar al perdido y liberar al cautivo.

Tal vez usted sea un doctor, enfermera (o), hombre o mujer de negocio, ama de casa, repostero, diseñador o diseñadora, maestro (a) o estilista. Puede que su pasión sea trabajar con niños o ancianos. Tal vez tenga el don de animar o discernimiento. Cualquiera que sean los dones que Dios le haya dado, en el campo de trabajo que esté, realice que Dios los ha puesto en su vida con un propósito – y es traer libertad a otros.

Como la Biblia dice en 1 Corintios 12, así como el cuerpo humano tiene muchas partes, cada creyente tiene su rol en la iglesia para alcanzar a otros. Quiero animarle a comenzar donde usted está y a usar lo que Dios ha puesto en sus manos. Sea fiel y Él le pondrá sobre mucho. Cuando usa lo que está en sus manos, Dios hará cosas milagrosas.

USTED ES LA LUZ

¿Ha tropezado alguna vez en lo oscuro y luego alguien enciende una luz y todo se alumbra? Estoy convencida de que esto es lo que Dios nos ha llamado a ser para otros a través de los dones y talentos que nos ha dado. Somos llamados a correr a los lugares oscuros de la tierra y brillar con la luz de Jesús en aquellos que están perdidos en la oscuridad sin Él. "Ustedes son la luz del mundo. Una ciudad en lo alto de una colina no puede esconderse. Ni se enciende una lámpara para cubrirla con un cajón. Por el contrario, se pone en la repisa para que alumbre a todos los que están en la casa. Hagan brillar su luz delante de todos, para que ellos puedan ver las buenas obras de ustedes y alaben al Padre que está en el cielo" (Mateo 5:14-16 NVI).

Dios ha puesto en sus manos algo que este mundo necesita. Si usted no sabe lo que es, le animo a descubrirlo. ¿Cómo? Pídale a Dios que le muestre. Envuélvase en su iglesia local. Ayude en su comunidad. Comience donde está y pronto se encontrará haciendo más de lo que usted soñó sería posible. ¡Usted ha sido llamado a ser luz!

9
HAY QUE ESTIRARSE

Cuando quedé embarazada por primera vez, mi estómago comenzó a expandirse para poder acomodar al bebé que estaba creciendo dentro de mí. Sentí que me estiré más de lo que deseaba. No siempre es cómodo en el momento, pero uno paga el precio porque sabe que va a traer una vida nueva al mundo. Está consciente que la incomodidad y el dolor pronto pasarán y serán ensombrecidos por el gozo al ver esta vida.

De la misma forma, cada vez que usted quiera crecer en un área de su vida, tendrá que ser estirado. "Ensancha el sitio de tu tienda y las cortinas de tus habitaciones sean extendidas; no seas apocada; alarga tus cuerdas y refuerza tus estacas. Porque te extenderás a la mano derecha y a la mano izquierda; tu descendencia heredará naciones y habitará las ciudades asoladas" (Isaías 54:2-3).

¿Parece muy grande o muy pequeño lo que Dios le ha estado hablando? La visión de Dios para su vida provocará expansión. Provocará que tenga que estirarse – dar más de lo que antes haya dado, amar más de lo que antes haya amado y creer más de lo que jamás haya creído. Pero el fruto de su obediencia a Dios es ver vidas transformadas por la eternidad. Es tiempo de expandir y agrandar su tienda.

Cuando estaba embarazada, también experimenté otros cambios además del que mi estómago se expandiera. Cambié mi forma de dormir, comer y hasta la manera de caminar. Muchas veces, todo lo que venía a mi mente era el hecho de que estaba cargando un bebé dentro de mí y esto afectaba casi todas las decisiones que tomaba.

Tal como en un embarazo físico, cuando Dios le habla acerca de lo que le ha llamado a hacer, usted se "embaraza" con ese sueño o visión. Comienza a pensar en eso constantemente. Y entonces empieza a tomar los pasos necesarios para que ese sueño o visión se lleve a cabo. Usted cambia la forma en que hace todo. Su rutina diaria cambia, porque está pensando en las personas que están conectadas a su propósito. Pone a un lado las distracciones y actividades innecesarias, porque sabe que hay vidas que dependen de usted. Para poder ensanchar, expandir y alcanzar a más personas para Cristo, necesitamos salir en fe y hacer lo que Dios nos está pidiendo, no importando que requiera hacer algo nuevo o ir a un lugar desconocido.

ES UNA NUEVA TEMPORADA

No hace mucho, llevé a mis hijos, Isaac y Lizzy al zoológico. Lo primero que querían hacer era montarse en el carrusel porque estaba en la entrada. Parecía ser divertido, pero después de montarnos varias veces pensé, *¿porqué estamos dando vueltas en este carrusel cuando hay tantos animales REALES en este zoológico para ver y explorar? ¡No estamos LLEGANDO a ningún lugar!*

Al instante de estar pensando esto, Isaac me dijo, "¡Mami estoy listo para ir y montarme en animales REALES!" Cuando salimos, descubrimos que podíamos montarnos en camellos REALES. Nos divertimos muchísimo descubriendo todos los animales del zoológico y montándonos en aquellos camellos.

Más tarde, me encontré aplicando esta experiencia a mi jornada espiritual. Realicé lo fácil que es conformarse con montarse en el "carrusel" de la rutina y la comodidad, haciendo lo mismo que hemos hecho todo el tiempo. Este es un lugar de temor, pero Dios quiere sacarnos a un lugar de fe. Hay territorios nuevos a los cuales Él nos ha llamado a poseer para el Reino.

Moisés tuvo una revelación similar en Deuteronomio 1:6-8, "El Señor nuestro Dios nos dijo esto en Horeb: "Ustedes han estado ya mucho tiempo en este monte... vayan y tomen posesión de la tierra..." La jornada de los hijos de Israel a la Tierra Prometida era originalmente de 11 días, pero les tomó 40 años para llegar.

Finalmente Moisés dijo, "¡Basta ya! Es tiempo de ir y poseer la tierra que Dios ha provisto para nosotros." Esto es exactamente lo que sentí que Dios me estaba diciendo, aquel día a través de las vueltas en el carrusel del zoológico. Me dijo, *¡Has estado en este lugar por bastante tiempo. Ya es hora de que vayas y poseas la tierra que te he dado!*

No nos conformemos con lo que Dios ha hecho por nosotros en el pasado. Vamos a creerle por más. Dios quiere hacer abundante y extremadamente más de lo que le hemos pedido conforme al poder que está trabajando en nosotros.

LÁNCESE A LO PROFUNDO

En Lucas 5, Jesús tomó prestada la embarcación de Pedro para ir y enseñarle a la gente. Luego fue donde él y le dijo, "Ahora ve a las aguas más profundas y echa tus redes para pescar. Respondió Pedro, Maestro hemos trabajado mucho durante toda la noche y no hemos pescado nada; pero si tú lo dices, echaré las redes nuevamente" (vs. 4-5 NTV).

Piense en esto por un minuto. Pedro era un pescador de profesión – él sabía todo lo relacionado a la pesca en lo natural. Pero cuando Jesús le habló para que hiciera algo audaz y que requería tomar riesgos, él lo hizo. Confió, obedeció y se lanzó a lo profundo.

Hay momentos en nuestras vidas donde Jesús nos pedirá que hagamos algo que no tiene sentido en lo natural. Tal vez sea dar cierta cantidad, ir a algún lugar donde nunca hemos ido o tratar nuevas formas que son incómodas para nosotros. En esos momentos tenemos que confiar en que nuestra fe y obediencia abrirá el camino de lo milagroso.

La historia continua diciendo, "Y esta vez las redes se llenaron de tantos peces, ¡que comenzaron a romperse! Un grito de auxilio atrajo a los compañeros de la otra barca, y pronto las dos barcas estaban llenas de peces y a punto de hundirse" (vs. 6-7 NTV).

Note que Pedro tuvo que pedirle ayuda a sus compañeros para traer la cosecha. De la misma forma creo que sucede en el Cuerpo de Cristo. Necesitamos trabajar juntos para que podamos traer toda la cosecha. Hay una gran cosecha que viene y no podremos manejarla solos. Así que alístese. Tal vez se sienta frustrado porque ha estado "pescando toda la noche" o ha hecho todo lo que sabe en lo natural, pero recuerde que a la Palabra de Dios, todo puede cambiar.

Tal como Él hizo con Pedro, yo creo que Dios le está hablando a la gente hoy, a lanzarse a lo profundo y a bajarse del carrusel. William Carey dijo, "Espere grandes cosas departe de Dios; haga grandes cosas para Dios." Como les compartí anteriormente, cuando Dios nos dijo que nos lanzáramos al campo misionero, tuvimos que dar un gran paso de fe. Esto conllevaba decidir confiar y obedecer a Dios, aunque no veíamos el panorama completo de lo que Él tenía para nosotros.

He descubierto que Dios no nos dice simplemente que nos lancemos una sola vez, sino que continuará pidiéndonos que lo hagamos en otras áreas también. Si estamos dispuestos y disponibles para Él, seremos llamados a estirarnos en nuevas áreas con regularidad, de esta manera podremos crecer y alcanzar más personas a través de nuestras vidas.

Tal vez le esté llamando a comenzar un negocio nuevo, moverse de lugar o a dar sacrificadamente. Lo emocionante de todo esto es que no importa lo que Dios esté pidiendo de usted, Él le dará las fuerzas para expandirse. Eso fue lo que sucedió con Abraham. Dios le dijo, "Deja tu tierra, tus parientes y la casa de tu padre, para ir a la tierra que yo te voy a mostrar... voy a bendecirte.. y por medio de ti bendeciré a todas las familias del mundo" (Génesis 12:1-3 DHH).

Abraham dejó su casa y se fue al lugar que Dios le dijo. En aquel lugar Dios lo bendijo. De la misma forma, mientras usted sea obediente, confíe y obedezca a Dios, verá su bendición y la cosecha de almas venir al Reino. Tal vez lo nuevo que Dios le está pidiendo hacer no sea moverse a otra ciudad o país como a Abraham y a mi familia, pero todavía requiere fe. Ya sea entrar a una mayor intimidad con Él, obedecer en algo que le ha estado pidiendo, liberar alguna área de su vida o servir a una capacidad mayor para el Reino, la clave es estar dispuesto y abierto enfocándose en Su llamado.

No hace mucho, Dios me habló acerca de llevar a cabo nuestra conferencia para mujeres SHINE (BRILLA) en nuevas naciones. La meta de estas reuniones es animar a mujeres a creer en su valor e identidad en Cristo, también en el rol importante que tienen individualmente en el cuerpo de Cristo. Es una oportunidad para que las iglesias en estas regiones se unan. Hemos llevado a cabo algunas de estas conferencias en los Estados Unidos, pero yo sabía que Dios me estaba hablando a que me lanzara y alcanzara más mujeres. Esto significaba que teníamos que creerle para cubrir los gastos de estas conferencias. Cuando comenzamos a orar y a pedirle por esto, empezó a abrirnos puertas en estas naciones y a conectarnos con personas e iglesias para el trabajo. Solo por Su gracia, el año pasado, pudimos llevar a cabo estas conferencias en Nepal, Hong Kong, Cambodia, Tailandia y Rusia.

Ha sido milagroso ver las transformación y sanidad en miles de mujeres por la verdad de la Palabra de Dios predicada. Cuando decidimos dar sacrificadamente y creerle a Él por la provisión, le veremos obrar en una forma sobrenatural.

Tal vez tenga miedo de dar el paso y lanzarse a los sueños y visiones que Dios ha puesto en su corazón. Puede ser que usted esté esperando tener los recursos necesarios. Si esta es la razón, es de suma importancia el que entienda, que muchas veces los recursos no llegan hasta que empezamos a tomar pasos de fe y obediencia. Sólo entonces milagros comienzan a ocurrir y Dios se lleva toda la gloria. Tal vez Dios le hable a sembrar en grande en el ministerio de alguien más y usted diga, "verdaderamente necesito este dinero para mi." Pero mientras usted siembre lo que Dios le ha hablado, Él se encargará de sus necesidades.

Recuerdo con regularidad cuando mi papá comenzó Victory Christian Center. Estaban en un edificio que era muy pequeño para el crecimiento que estaba teniendo la congregación y aún así estaban batallando para pagar la renta. Él estaba orando no solamente para tener suficiente dinero para pagar la renta sino también para mudarse a un edificio más grande.

La iglesia era dueña de una carpa grande y Dios le habló a mi papá para que se la donara a un misionero. Él pensó, *puedo venderla y tener algo de dinero para nuestro nuevo edificio.* Pero él sabía que aún haciendo esto no tendría suficiente dinero para pagar las cuentas. Realizó que era mejor dar aquella carpa como una semilla. Así lo hizo y poco después, Dios bendijo a la iglesia con todo el dinero necesario no solo para pagar las cuentas, sino que abrió una puerta para que se empezaran a reunir en unos de los centros de convenciones más grandes de nuestra ciudad. Dios hizo mucho más de lo imaginable. Cuando confiamos en Dios como nuestra fuente y damos lo que nos está pidiendo, Él es más que capaz para multiplicar lo que le hemos dado.

Dios quiere hacer grandes cosas en y a través de usted. Crea que Él tiene el poder de hacer lo imposible en su vida – puede abrir camino en la jungla (dirección) – y ríos en el desierto (provisión).

MIRE CON OJOS DE FE

En el capítulo 6 del libro de Josué, Josué y los hijos de Israel estaban preparándose para entrar a Jericó. Acababan de cruzar el Río Jordán, lo cual había sido un milagro y ahora tenían de frente el muro de la ciudad. En Josué 6:2, Dios le dijo a Josué de antemano, "Mira, yo he entregado en tu mano a Jericó" (RV).

Dios comenzó a darle a Josué instrucciones exactas de cómo hacer las cosas. Él quería que Josué viera desde *adentro,* antes de ver *por fuera.* ¿Puede usted ver sus sueños claramente por dentro? ¿Donde está su enfoque? ¿Está mirando lo grande que Dios es o a sus problemas?

Tenemos que ver nuestros sueños desde adentro, antes de verlos afuera. Necesitamos mantener la visión delante de nosotros y mirar con ojos de fe las cosas que Dios ha preparado para que caminemos y poseamos Sus promesas. Dios quiere mostrarnos en el espíritu a lo que hemos sido llamados.

¿Cómo podemos mirar con ojos de fe? Necesitamos fijar nuestros ojos en la Palabra de Dios y meditar en Sus promesas y fidelidad. Necesitamos desconectarnos de las distracciones de este mundo enfocando nuestro corazón para ver y escuchar lo que Él está diciendo. Siempre nos moveremos hacia lo que estamos enfocados.

Durante los días de fiesta, planificamos unas vacaciones y le dijimos a nuestros hijos que iríamos a la playa. Todavía faltaban algunas semanas para irnos, pero inmediatamente ellos corrieron a ponerse sus trajes de baños, tomaron sus toallas y se acostaron en el piso de la sala. Habían comenzado a *prepararse*. Ya se *imaginaban* en la playa. Esa es la clase de fe que necesitamos, la fe de un niño – fe que ve lo que Dios tiene guardado para nosotros y provoca que nos preparemos para ello. Si Dios le ha hablado algo, comience a mirarlo por fe y a hacer lo necesario para que suceda. Pídale a Dios que le ayude a mirar con ojos de fe y permita que le muestre Su estrategia para lo que tenga que hacer.

TOME LA ESTRATEGIA DE DIOS

Dios tiene estrategias y formas únicas para ayudarle a cumplir el propósito de su vida como nunca antes lo ha hecho. También tiene una forma particular en la que quiere usarle para alcanzar personas para Su Reino.

En Josué 6:3, Dios le dijo al pueblo de Israel que marchara alrededor del muro por siete días, que en el séptimo día marcharan siete veces, tocaran las trompetas y gritaran. Nunca habían hecho esto. Para algunos esto parecía una locura, pero Josué escuchó y obedeció lo que Dios le había dicho. Comenzó a hablarle a su ejército y a decirles que esa sería la forma en la que iban a tomar posesión de Jericó. Josué habló y ellos obedecieron.

La Palabra de Dios dice que si usted necesita sabiduría, se la puede pedir a Dios y Él se la dará (Santiago 1:5). Así, que si se está preguntando cual es el próximo paso que debe tomar, simplemente pregúntele a Dios. Búsquelo, así encontrará el propósito divino para su vida y cómo se relaciona en ayudar a los demás. Una vez que Dios le haya dado esa directriz o estrategia, escríbala. Luego comience a tomar los pasos necesarios para cumplirla.

ESCRIBA LA VISION

Escriba la visión que Dios ha puesto en su corazón. Escriba las visiones que Él le ha dado en días, meses o años pasados. Escriba lo que le está hablando, porque se hará una realidad. Crea y ponga su fe en acción. Recuerde, usted no está siendo egoísta, porque el sueño que Dios ha puesto en su corazón no se trata de usted. Se trata de las personas que alcanzará y tocará a través de su vida. Agárrese de ella, póngala en su pared, declárela. Suelte su fe para que ese sueño y esas visones se lleven a cabo.

Habacuc 2:2 NVI dice, "Escribe la visión, y haz que resalte claramente." Después que la escriba, comience a dar pasos y a confiar en Dios. Comience a hacer lo que Él le está diciendo y lo verá suceder con claridad. No vendrá a través de su fuerza sino por la gracia y el poder de Su Santo Espíritu, a través del cual podemos cumplir la asignación divina sobre nuestras vidas.

¡CORRA CON LA VISIÓN!

Nuestra vida es comparada a una carrera en Hebreos 12, "Por tanto, también nosotros, que estamos rodeados de una multitud tan grande de testigos, despojémonos del lastre que nos estorba, en especial del pecado que nos asedia, y corramos con perseverancia la carrera que tenemos por delante. Fijemos la mirada en Jesús, el iniciador y perfeccionador de nuestra fe, quien por el gozo que le esperaba, soportó la cruz, menospreciando la vergüenza que ella significaba, y ahora está sentado a la derecha del trono de Dios" (vs. 1-2 NVI). Para poder correr la carrera que tenemos frente a nosotros y ser luz, tenemos que fijar nuestros ojos en Jesús y deshacernos de lo que nos pueda estorbar.

Hay muchas distracciones que tratarán de venir en contra de nosotros diariamente para apartarnos del llamado. Pero tal como un corredor se deshace de cualquier cosa que lo pueda atrasar, debemos nosotros hacer lo mismo con regularidad. Hay que dejar ir la amargura, miedo, egoísmo, orgullo, enojo, lascivia, desánimo y cualquier otro pecado que nos vaya a estorbar.

Tenemos que proseguir el gran llamado de Dios en Cristo Jesús. No podemos ser de los que solo "mantienen" lo que Dios ya ha provisto, hay que moverse para alcanzar y poseer las cosas nuevas que Dios ha puesto frente a nosotros. No hay tiempo para la duda; es tiempo de correr. Él es el autor y consumador de nuestra fe. Nos está animando en esta carrera, está por nosotros y con nosotros. ¡Así que corra!

¡GRITE!

Otra cosa importante para resaltar acerca de la batalla en Jericó, además del hecho que los israelitas ganaron, es cómo la ganaron. Ganaron a través de la alabanza. Josué 6:16 dice que cuando obedecieron y gritaron con voz de victoria, las murallas se vinieron abajo.

¿Cuales son las murallas u obstáculos que está enfrentando? ¿Está creyendo por sanidad, dirección o para que se cumpla un sueño en su vida? Descubra lo que la Palabra de Dios dice acerca de su situación, luego hable y actúe como Él lo dice.

Dios le ha dado una asignación divina a cumplir para el Reino. Pero no podrá a menos que la vea primeramente desde adentro, comience a llamarla y luego empiece a actuar basado en lo que Él ha dicho.

SALGA

Este no es el tiempo para retroceder y esconderse en una cueva. Es el momento de salir a las cosas nuevas que Dios nos ha llamado a hacer. Tal vez haya permitido que el temor o la comparación influyeran en parar de usar sus dones y talentos para Dios. Puede que se haya comparado como Gedeón y haya dicho, "¿Porqué yo Señor, si soy él o la más débil, él menos indicado o la menos indicada?" Pero Dios dice, "Porque Yo te he llamado y te he señalado."

Jesús nos dio a todos la Gran Comisión, diciendo antes de ascender al cielo, "Vayan por todo el mundo y anuncien las buenas nuevas a toda criatura" (Marcos 16:15 NVI). Romanos 10:14-15 dice, "Ahora bien, ¿cómo invocarán a aquel en quien no han creído? ¿Y cómo creerán en aquel de quien no han oído?... ¡Qué hermoso es recibir al mensajero que trae buenas nuevas!"

Somos los embajadores de Cristo aquí en la tierra hoy. Somos llamados a llevar las buenas nuevas de salvación a los que están en la oscuridad (2 Corintios 5:20). La Biblia también dice que somos la dulce aroma de Cristo para aquellos que van de camino a la salvación (2 Corintios 2:15 MSG versión del inglés). Él nos ha llamado a ser sus manos y pies en esta tierra. Nuestro propósito envuelve el traer y acercar a otros a Jesús.

Creo que Dios le mostrará las personas que usted está supuesto a alcanzar. Puede que sea un compañero de trabajo o un amigo. Dios le dice, *No tengas miedo, sal y comienza a hablar.* Usted podrá estar pensando, "Es que no se ni que decir." Bueno, tal y como Dios le dijo a Moisés y a Gedeón, ahora le dice, *Yo te daré las palabras que tienes que decir.* Cuando Dios pone a alguien en su corazón para ministrarle, también le dará las palabras. No tiene que tener miedo de testificar, hablar y ser la luz para sus amigos, familiares ni compañeros de trabajo.

Cada creyente, sin importar su vocación, es llamado a ser un testigo de Jesucristo. Cuando usted comienza a hacer el trabajo de Dios, discipulando a otros, vertiendo su vida en ellos, siendo luz, está entrando en el propósito que Dios diseñó para usted. Comienza a crecer espiritualmente y la vida se hace excitante. Servir a Dios puede ser maravilloso todos los días.

Dios tal vez le esté llamando a entrar en nuevas áreas de liderazgo dentro de su iglesia a través del servicio, dando más de usted o comenzando un estudio bíblico o grupo de célula. No se quede en su zona de confort, en su cuevita calientita o en su silloncito comodito. Si no sale no va a crecer. Así se encuentran muchos cristianos. Piensan que saben demasiado porque han estado sentados por años recibiendo enseñanza, sin embargo no han hecho nada con el conocimiento que han adquirido.

Tal vez usted ya conoce las ideas y sueños que Dios ha puesto en su corazón, pero todavía necesita la sabiduría concerniente a la estrategia. Dios quiere dirigirle en cómo hacerlo. Él le dará la sabiduría y el entendimiento mientras usted se lo pida. Pero no le comunicará el próximo paso hasta que obedezca el primero.

Tal vez haya tenido grandes oposiciones y ataques del enemigo sobre lo que Dios le ha llamado a hacer. Pablo dijo que había una gran puerta de oportunidad para él, pero también estaba consciente de que tenía muchos adversarios (1 Corintios 16:9). Algunos de sus amigos y familiares pueden desanimarle de salir y obedecer a Dios aunque no sea la intencón de ellos hacerlo. Otros seguramente se reirán y burlarán de usted por tener la valentía de obedecer, pero no se desanime.

Si está enfrentando obstáculos en su mente, reprenda esas imágenes de temor y comparación y ponga su confianza en el Señor. Crea que Dios está por usted y que ninguna arma forjada prosperará en su contra (Isaías 54:17). No esconda su luz.

Este es el momento de levantarse del temor y la complacencia. Es tiempo de salir de la cueva y usar los dones que Dios ha puesto en su mano para que Su nombre sea conocido en la tierra. Usted ha sido llamado (a) para este tiempo. Tome la decisión de levantarse y salir a lo que Dios ya le ha hablado.

10
VIAJE CON POCO EQUIPAJE

Dios quiere hacer algo nuevo en su vida, pero usted tiene que hacer espacio para que Él se pueda mover. La vida puede llenarse de tantas distracciones y pecados los cuales pueden atrasarnos y hasta pararnos de recibir lo nuevo que Dios está tratando de darnos. "No os acordéis de las cosas pasadas, ni traigáis a memoria las cosas antiguas. He aquí que yo hago cosa nueva; pronto saldrá a luz;... Otra vez abriré camino en el desierto, y ríos en la soledad" (Isaías 43:18-19 RV).

Cuando estábamos en el proceso de vender nuestra casa y empacando para nuestra mudanza al campo misionero, me dí cuenta que había acumulado muchas cosas innecesarias (porquerías). Nuestro garaje estaba lleno de cosas que tuvimos que revisar y deshacernos de ellas. De hecho cuando finalmente nos fuimos, viajamos solamente con ocho maletas para nosotros cuatro (sin incluir los dos asientos de auto para niños). Realicé que habían muchas cosas que no eran necesarias para el nuevo lugar. Nos iba a costar más dinero y problemas el llevarnos las cosas viejas, que obtener nuevas cuando llegáramos a nuestro destino.

Esto es muy similar espiritualmente hablando. Muchas veces tratamos de retener y no dejar ir las cosas viejas que tenemos – malos hábitos e ideas obsoletas – pero esas cosas simplemente nos detendrán en el camino hacia donde Dios nos quiere llevar. Él quiere que dejemos todas esas cosas para que haya espacio para lo nuevo que hará en nuestras vidas y usarnos para ayudar a otros. "Hermanos, no pienso que yo mismo lo haya logrado ya. Más bien, una cosa hago: olvidando lo que queda atrás y esforzándome por alcanzar lo que está delante, sigo avanzando hacia la meta para ganar el premio que Dios ofrece mediante su llamamiento celestial en Cristo Jesús" (Filipenses 3:13-14 NVI).

Ninguno de nosotros ha llegado. Ninguno es perfecto. Pero si podemos seguir el ejemplo de Pablo olvidando lo que ha quedado atrás: nuestros fracasos y ofensas del pasado incluyendo otras cosas que nos han detenido. Podremos echar mano de las cosas nuevas que Él tiene para nosotros y sobre Su llamado en nuestras vidas.

Un verano nos fuimos a un viaje misionero por un mes y empaqué estratégicamente para que pudiéramos viajar con poco equipaje. Empaqué ropa y por supuestos los juguetes favoritos de mis hijos. Cuando ya se estaba acercando el final del mes, comencé a empacar nuevamente para nuestro regreso y me di cuenta de cuantas cosas habíamos acumulado durante nuestra estadía.

Nuestros hijos tenían piedras y artículos que habían colectado en nuestras aventuras al aire libre y hasta una pista de carros que habían construido ellos mismos. Así, que nos tuvimos que sentar y clasificar entre lo que era realmente importante para ellos y lo que podíamos dejar.

De igual manera debemos hacer lo mismo en nuestra vida y caminar diario con Dios. Necesitamos dejar las cosas que traen peso y nos impiden movernos hacia lo que está de frente. Pablo dijo en Filipenses 3:13 NVI, "UNA COSA hago: olvidando lo que queda atrás y esforzándome por alcanzar lo que está delante, sigo avanzando hacia la meta para ganar el premio que Dios ofrece mediante su llamamiento celestial en Cristo Jesús." La traducción literal del inglés en la versión The Message dice, "Amigos, no me mal entiendan: De ninguna manera me considero un experto en todo esto, pero tengo mis ojos en la meta, a lo que Dios nos está atrayendo – a Jesús. Ya salí, estoy corriendo y no pienso regresar atrás."

Nuestra meta es conocer a Jesús y llevar a acabo Su propósito en nuestras vidas. Pero para poder correr libremente, necesitamos despojarnos del dolor, amargura, celos, del juzgar a otros, decepciones, comparaciones, culpas, vergüenzas y complacencia. Muchas veces no tenemos la más minima idea de la carga que estamos llevando a menos que nos sentemos a los pies del Maestro, leamos Su Palabra y escuchemos lo que tiene que decir.

Recientemente fui al quiropráctico para un ajuste de espalda y cuello después de un viaje. No podía figurar porqué estaba en tanto dolor. El quiropráctico me preguntó que había estado cargando y le contesté, "niños, maletas, ropa, etc..." Luego prosiguió a preguntarme que tenía en mi bolsa. Pensé dentro de mí, esto se está poniendo un poco personal.

Usted tiene que entender que yo cargo una bolsa de "mamá." Cargo todo lo que pueda necesitar para un momento de emergencia. Cuando miré dentro de ella encontré, dos botellas de agua, juguetes, libros, vitaminas, meriendas y un montón de otras cosas que hacían peso en mi bolsa. Realicé que necesitaba sacar tiempo para deshacerme de las cosas innecesarias, de esta manera no estaría en tanto dolor por el peso adicional que cargaba.

Así como cuando fui al quiropráctico, cuando pasamos tiempo en la presencia de Dios y en Su Palabra, Él nos revelará las cosas que tenemos que dejar ir. Algunas veces podemos considerar que estas cosas son "buenas," pero están afectando y distrayendo el enfoque de lo que Dios nos está diciendo.

Por ejemplo, hay cosas que necesitamos cargar en una temporada pero no en la otra. Mientras buscamos la sabiduría de Dios, Él nos guiará en nuestras relaciones, trabajo, matrimonio, familia y ministerio. También nos ayudará a establecer prioridades de acuerdo a lo que Él quiere que nos enfoquemos en esa temporada. Restaurará nuestra alma mientras ponemos nuestra fe en Él. Podemos dejar todas nuestras cargas en Su presencia. "¿Estás cansado, agotado, harto de la religión? Ven a mí. Escápate conmigo y recobrarás tu vida. Te enseñaré lo que es tomar un descanso verdadero. Camina y trabaja conmigo, permíteme enseñarte cómo es que lo hago. Aprende los ritmos espontáneos de la gracia. No pondré nada pesado o que provoque enfermedad sobre ti. Mantente en compañerismo conmigo y aprenderás a vivir libre y livianamente" (Mateo 11:28-30 MSG, versión traducida literalmente del inglés).

La Palabra es como un espejo; lee nuestro corazón. Mientras pasamos tiempo en la Palabra de Dios, el Señor nos hablará acerca de las áreas específicas de nuestra vida y luego nos dará la gracia para vencer sobre ellas. Hebreos 4:12 nos dice que la Palabra de Dios es viva y poderosa, y más cortante que cualquier espada de dos filos. Penetra hasta lo más profundo del alma y del espíritu, hasta la médula de los huesos, y juzga los pensamientos y las intenciones del corazón.

¿Qué Está Empacando?
¿Temor o Fe?
¿Amargura o Perdón?
¿Preocupación o Alabanza?
¿Desánimo o Esperanza?
¿Juicio o Amor?
¿Cansancio o las Fuerzas de Dios?
¿Culpa o Gracia?

El enemigo quiere ahogar la Palabra para que de esta manera no crezca ni produzca fruto en nuestro corazón. Marcos 4:18 habla de la Palabra como una semilla en nuestro corazón. Pero si permitimos que las preocupaciones de esta vida y nuestros deseos nos abrumen, entonces estas cosas ahogarán la Palabra y no veremos el fruto ni en el corazón ni en nuestras vidas.

ESCUCHE LO QUE DIOS ESTÁ DICIENDO

Dios está hablando la visión a Su iglesia y a nosotros individualmente, pero necesitamos mantenernos sintonizados y listos para escuchar con oídos de fe. Con todas las voces tratando de llamar nuestra atención, tenemos que estar quietos y escuchar lo que Él está diciendo. Sus Palabras descifran misterios.

Cuando los hijos de Israel se dirigían a la Tierra Prometida, Dios les dijo: "Si ustedes oyen hoy su voz, no endurezcan el corazón como sucedió en la rebelión, en aquel día de prueba en el desierto. Allí sus antepasados me tentaron y me pusieron a prueba, a pesar de haber visto mis obras cuarenta años. Cuídense, hermanos, de que ninguno de ustedes tenga un corazón pecaminoso e incrédulo que los haga apartarse del Dios vivo. Si ustedes oyen hoy su voz, no endurezcan el corazón..." (Hebreos 3:7-9, 12, 15 NVI). Debemos ser de los que escuchan con fe y mantienen sus corazones sensibles a Su dirección.

REVELACIÓN & CONOCIMIENTO

"La comunión íntima de Jehová es con los que le temen, Y a ellos hará conocer su pacto" (Salmos 25:14 RV). Dios quiere revelarnos su pacto pero sólo lo hará con aquellos que le temen. La traducción original de la palabra temor no implica que le tenemos miedo a Dios; significa que lo honramos, reverenciamos, obedecemos y le seguimos. No significa que somos perfectos, sino que estamos maravillados con Él. El temor de Dios es odiar lo malo y seguir lo que es bueno. Así, que si vivimos con el temor de Él en nosotros y lo buscamos, seremos dirigidos y guiados por Él. Una de estas ilustraciones la podemos ver en el libro de Daniel capítulo 2. En esta historia el rey Nabucodonosor tuvo un sueño horrible y sabía que tenía un significado para el futuro. Él buscó a todos los sabios de la tierra para que le interpretaran el sueño, pero no encontró a nadie. Finalmente escuchó de Daniel, el cual era conocido por su relación con Dios.

Daniel oraba tres veces al día, ayunaba y buscaba a Dios con todo su corazón. Así que el rey lo mando a llamar. Cuando Daniel escuchó el sueño del rey, comenzó a orar para que Dios le revelara el significado del mismo. Y así sucedió. A través de la interpretación del sueño, Dios reveló como sería el futuro del rey Nabucodonosor (Daniel 2:19-23).

Dios puede darnos el entendimiento espiritual en cosas que otras personas no pueden entender en lo natural. Él quiere darnos revelación y conocimiento. Tal vez no esté viendo una visión o un sueño, pero Dios promete guiarle y revelarle lo que viene mientras usted le busque.

Si Dios ha puesto una visión o un sueño en su corazón, confíe que Su tiempo hará que se cumpla. "Aunque la visión tardará aún por un tiempo..., aunque tardare, espéralo, porque sin duda vendrá..." (Habacuc 2:3 RV). Tal vez, usted solo ha visto un poco de la visión cumplirse y está preguntándose ¿Es esto Señor, es esto todo lo que voy a ver? Quiero animarle a echar mano de la visión. Continúe. Manténgase en el lugar secreto de Su sabiduría y búsquelo. Sea obediente y tome los pasos que Él le está diciendo que tome ahora y Él mismo abrirá las puertas para otras oportunidades en el futuro.

QUITE LOS LÍMITES

Cuando fui a ministrar a una conferencia de mujeres en Tailandia, me hospedé en una base en la casa de una colega y amiga en el ministerio. Como disfruto correr en la mañanas, me dijeron que podía salir a correr en los alrededores de la base. Estaba emocionada, porque Tailandia es un país hermoso con montañas y muchos lugares para explorar.

La mañana siguiente, me levanté y me alisté para ir a correr. Pero cuando llegué al portón estaba cerrado. Aunque estaba lista para correr no podía salir. Era temprano y no quería levantar a nadie, así que me senté en el portón. Dios comenzó a hablarme y a decirme como hay momentos y cosas que Él nos ha llamado a hacer, pero nos hemos "autoimpuesto" portones que están cerrados.

La Biblia dice que fuimos creados para que caminemos en buenas obras, pero algunas veces estamos "encerrados" o aguantados por el temor, desánimo, egoísmo y la apatía. Dios me recordó el pasaje en 2 Corintios 6:11-13 (MSG versión traducida literalmente del inglés), "...Yo anhelo que entres a una vida abierta y espaciosa... no te hemos cercado... vive abierta y espaciosamente."

Dios comenzó a hablarme acerca de la importancia de "quitar los límites" de mi fe y creer que Él puede hacer cosas más grandes a través de los creyentes, para alcanzar a más personas con Su amor y traer Su gloria en la tierra. Yo le animo a que usted haga lo mismo. Él es capaz de hacer más de lo que se imagina. Nada es imposible con Él.

Es muy fácil conformarse con las cosas que Dios ya ha hecho, sintiéndonos como que tenemos suficiente "para nosotros cuatro y no hay mal rato." Pero tenemos que continuar creyendo por más. Nuestra fe no es solo para nosotros; es para las personas que hemos sido llamados a alcanzar. Cuando Dios se mueve en nuestras vidas, las personas son influenciadas y Su nombre es glorificado.

Creo que hay dos llaves para abrir la puerta de lo milagroso en nuestras vidas; Fe y Amor. La Biblia dice que "sin fe es imposible agradar a Dios" (Hebreos 11:6 NVI). La fe trabaja por amor; no puede tener uno sin el otro. La fe y el amor son las llaves que abren la atmósfera espiritual – amor para Dios y la gente (1 Juan 3:23).

Gálatas 5:1,6, 13-14 NVI dice, "Cristo nos libertó para que vivamos en libertad. Por lo tanto, manténganse firmes y no se sometan nuevamente al yugo de esclavitud... lo que vale es la fe que actúa mediante el amor... ustedes han sido llamados a ser libres; pero no se valgan de esa libertad para dar rienda suelta a sus pasiones. Más bien sírvanse unos a otros con amor. En efecto, toda la ley se resume en un solo mandamiento: «Ama a tu prójimo como a ti mismo."

En el 2010 Caleb y yo estuvimos ministrando en Sri Lanka. Fuimos inspirados al escuchar el testimonio del pastor con el cual estábamos trabajando, el Dr. Colton Wicknamratne tenía una gran visión para alcanzar su ciudad. Aunque en la nación lo que predominaba era el budismo, Dios le habló y le dijo que construyera una iglesia grande para sentar a 5,000 personas. Un auditorio de esta magnitud nunca se había edificado en aquel lugar antes y le dijeron que era imposible debido a la pobreza y la persecución de la comunidad budista. Fue perseguido y encarcelado en varias ocasiones, pero caminó sin avergonzarse en fe y obediencia, de una forma sobrenatural los fondos llegaron. Ahora tienen cuatro servicios todos los domingos, alcanzando a miles de personas. Dr. Colton quitó los límites con su fe en Dios y su amor para la gente.

Algunas veces pensamos que Dios solo puede usar a los que ha llamado al ministerio «a tiempo completo» pero eso no es lo que dice la Palabra. Dios ha llamado a Su gente para ser una luz en todos los sectores de la sociedad, en los negocios, gobierno, media, artes, comunicaciones, familia y educación. Él le ha llamado para que levante Su nombre en alto a través de sus dones, talentos y las oportunidades que recibe.

Por el bienestar de la gente al otro lado, usted debe vivir una vida de fe y amor. Hay gente que necesita lo que usted tiene. No se detenga. Cuando somos motivados por amor y operamos en fe, comenzamos a ver milagros. Tal vez usted esté siendo llamado a cosas nuevas y puede ser incómodo. Tal vez sienta que no sabe cómo hacerlo, pero mientras dé un paso a la vez, Dios le mostrará el próximo.

GENTE QUE SE LEVANTÓ A SU DESTINO

Una de las personas que tuvo que "hacerlo con temor" fue Jeremías. Cuando Dios lo llamó le dijo, "«Antes de formarte en el vientre, ya te había elegido; antes de que nacieras, ya te había apartado; te había nombrado profeta para las naciones.» Yo le respondí: «¡Ah, Señor mi Dios! ¡Soy muy joven, y no sé hablar!» Pero el Señor me dijo: «No digas: "Soy muy joven", porque vas a ir adondequiera que yo te envíe, y vas a decir todo lo que yo te ordene. No le temas a nadie, que yo estoy contigo para librarte.» Lo afirma el Señor" (Jeremías 1:5-8 NVI).

Jeremías era solo un joven cuando Dios lo llamó a ser la voz de su generación. Dios usa gente ordinaria para hacer lo extraordinario en este mundo. Usted ha sido llamado para hacer grandes obras para Dios, pero lo primero que debe hacer es salir de la cueva del temor. Dios ve más allá de quién usted es ahora mismo – le mira como la persona que Él ha asignado.

María la madre de Jesús, también tuvo que sobreponerse al temor. Cuando el ángel le dijo que iba a concebir al Hijo de Dios de una manera sobrenatural, estoy segura que ella tenía miedo. Tuvo que confiar en Dios completamente, aún cuando esto encerraba la posibilidad de ser rechazada por todos, incluyendo a su familia y futuro esposo (Lucas 1:30-45 NTV). Al igual que María, tenemos que creer que con Dios todas las cosas son posibles y que Él cumplirá lo que nos ha hablado. Debemos ser como María y decir, *Soy tu siervo (a), Señor. Que se haga tu voluntad en mi vida.*

11
GOZO EN EL VIAJE

Una noche estaba manejando con mis hijos para ir a recoger a Caleb al aeropuerto. Decidí tomar una ruta nueva, mi hijo al darse cuenta comenzó a hacerme como veinte preguntas, "¿Mami para donde vamos, estás segura que éste es el camino? Porque no parece serlo." Tuve que asegurarle que sí sabía para donde íbamos diciéndole, "Isaac todo está bien, simplemente estamos tomando una ruta nueva pero vamos a llegar, mami sabe hacia donde se dirige."

Más tarde comenzaron las preguntas otra vez: "¿Mami, papi va a estar allí, me va a traer un juguete? ¿Cuanto tiempo nos tomará llegar, porqué nos estamos tardando tanto? Después de esto llegó la famosísima pregunta, ¿Ya llegamos? (¿cuántos padres han escuchado la misma pregunta?) Lo calmé diciéndole, "Isaac todo está bien, papá estará allí y llegaremos a tiempo para recogerlo. Ten paciencia, confía en mí y disfruta el viaje."

Después de aquella conversación, pensé como podemos nosotros actuar de la misma forma, cuando Dios nos está dirigiendo a una nueva temporada de crecimiento o un nuevo territorio para Su Reino. Comenzamos a hacer preguntas tal como lo hizo Isaac mi hijo, "¿Cuando, cómo, donde y quién?" "El que quiera venir a mí tiene que dejarme dirigir. Tu no estás en el asiento del chofer, Yo soy." (Mateo 16:24 MSG versión del inglés). La Reina Valera lo dice de esta manera "Si alguno quiere venir en pos de mí, niéguese a sí mismo, y tome su cruz, y sígame."

Dios nos recuerda, "Confía en el Señor con todo tu corazón, no dependas de tu propio entendimiento. Busca su voluntad en todo lo que hagas, y él te mostrará cuál camino tomar" (Proverbios 3:5-6). Dios quiere que confiemos y obedezcamos Su voz mientras disfrutamos el viaje. Me gusta como lo presenta Joyce Meyer, "Tal vez no esté donde quiere estar pero tampoco está donde estaba antes. Aprenda a disfrutar donde está mientras llega a donde tiene que estar."

CONFIANDO EN EL TIEMPO DE DIOS

Una de las áreas en las que tuve que aprender a confiar en Dios más que en ninguna otra, fue en la de creerle para mi esposo. Cuando fui a la universidad estaba emocionadísima porque iba a conocer gente nueva. Estaba en una universidad cristiana y pensé, aquí de seguro conoceré al hombre con el que me voy a casar. Durante las primeras semanas, el Señor habló a mi corazón y me dijo que no saliera con nadie en mi primer año. Pensé, ¿QUE... *Pero como va a ser? Dios tu sabes que he estado esperando por tanto tiempo. Pensé que aquí iba a encontrar mi hombre de Dios.* Estaba preocupada pensando si se me iba a escapar el chico perfecto para mí, o si yo me le iba a escapar a él por no estar disponible.

Durante mi primer semestre, me pidieron que sirviera como capellán en mi hospedaje y mi papá me pidió si podía ser la pastora de niños en un nuevo servicio que estábamos comenzando en la iglesia. En adición a esto, trabaja a tiempo parcial en la universidad en la oficina de ex-alumnos y en una tienda local. Yo sabía que Dios quería que me enfocara en lo que Él había puesto en mis manos, en lugar de estar buscando un esposo.

No fue fácil, porque de repente un muchacho en la universidad comenzó a pretenderme. Pensaba, *es popular, es tan buen muchacho, todo el mundo dice que le debo dar una oportunidad.* Me sentía halagada y pensaba que si no le daba una oportunidad otra me lo iba a ganar. Empecé a impacientarme y comenzamos a salir.

Estuvimos juntos por dos años y hasta comenzamos a servir juntos en la iglesia. Cuando me pidió que me casara con él, aunque no sentía una paz completa, de la emoción le dije que sí, después de todo pensé que eran los nervios.

Diez días antes de la boda, las cosas comenzaron a verse claramente y ambos realizamos que no sentíamos paz para casarnos en ese momento. Fue una decisión bien difícil de tomar, pero finalmente decidí cancelar completamente la boda. Después de que esto pasó, le pregunté al Señor que había hecho mal en el proceso y Él me llevó al principio – yo no había obedecido Su voz cuando me dijo que esperara.

Dios comenzó a lidiar conmigo para que le confiara esa área de mi corazón. Estaba impaciente y adelantándome porque tenía miedo de quedarme soltera. Así que estoy hablando de mi experiencia cuando le digo que confíe en Dios con sus relaciones. No se adelante ni se comprometa. Uno de los versos de los cuales me he asido es el de Mateo 6:33-34 (en la versión del inglés The Message). "No te preocupes de lo que te falta. Te darás cuenta que todas tus necesidades humanas serán suplidas. Pon toda tu atención a lo que Dios está haciendo en este preciso momento y no te preocupes de lo que puede o no puede pasar mañana. Dios te ayudará a lidiar con lo que venga cuando llegue el momento." Tenga la Palabra de Dios como prioridad en su vida, es su compás.

Después de un año y medio de aquella ruptura, mi futuro esposo Caleb, comenzó a pretenderme. Habíamos sido amigos desde la secundaria y durante aquel tiempo, fuimos a un viaje misionero en el África. En aquel viaje, Caleb rindió su vida a Jesús y al llamado de Dios para trabajar en el ministerio. Me dijo durante aquel viaje que él sabía que se quería casar conmigo, pero que no había dicho nada porque estaba consciente de que no estaba preparado. Tomó la decisión de prepararse y buscar el propósito de Dios para su vida.

Seis años después de aquel viaje, salimos a nuestra primera cita, me compartió su corazón y la visión que tenía para su vida junto a la mía. Fue como si estuviera conociéndolo por primera vez, parecía que estaba leyendo mi corazón. Él había estado haciendo trabajo voluntario en la iglesia todos esos años, entrenándose y enfocándose en Dios. Se convirtió en un hombre nuevo.

Nuestro corazón y pasión por el Señor estaban sincronizados. Nuestro enfoque en el llamado que Dios tenía con nosotros para las naciones coincidían. Realicé que él era todo lo que había orado en un hombre para mí y había una paz sobrenatural dejándonos saber que ambos estábamos en el lugar correcto y listos para casarnos. Descubrí personalmente la verdad de Eclesiastés 3:11, todo lo hizo hermoso en Su tiempo.

HAY GOZO CUANDO CREEMOS

Quiero animarle a confiar completamente en Dios porque Él es el Creador del Universo. El Creador de su vida. Él tiene planes buenos para usted y puede confiarle toda su vida. No tiene que vivir bajo un temor constante hacia donde se dirige. Usted puede tener gozo durante el viaje. Romanos 15:3 dice que el gozo y la paz se encuentran al creer.

Tom Newberry dice en su libro, The Principle 4:8 (El Principio 4:8), "El gozo es una señal exteriorizada de la fe interna en las promesas de Dios."

Debemos caminar en gozo todos los días de nuestra vida, esta es la clase de gozo que no se basa en lo exagerado; se basa en la esperanza que tenemos en Jesucristo. Es un gozo que está fundamentado en nuestra fe en Él – que no importa lo que pase, las circunstancias que vengan a nuestra vida, nuestra esperanza está anclada en Cristo Jesús. Esta es la clase de gozo que nada ni nadie nos puede quitar. En Juan 15:11 dice que en Jesús hay plenitud de gozo. Una plenitud que experimentamos mientras permanecemos y le seguimos en el camino de amor al cual Él nos ha llamado a caminar.

REGOCÍJESE

En Filipenses 4:4 Pablo escribió, "Regocijaos en el Señor siempre. Otra vez digo: !Regocijaos!" Es interesante que Pablo haya escrito el libro de Filipenses mientras estaba en la prisión – una de las peores circunstancias en las que alguien pueda estar. Sin embargo a través de todo el libro, él le dice a los filipenses que se regocijen, que se alegren. Esto no tiene ningún sentido común en lo natural.

¿Por qué estaría diciendo él, Regocíjense? Porque Pablo entendía que debía sacar provecho de todas las circunstancias y oportunidades. Él no dejó que las circunstancias lo privaran de hacer la diferencia o de compartir el gozo y el amor del Señor. Aún en prisión, él estaba sacando provecho de toda oportunidad mientras le escribía a la iglesia de los filipenses.

Tal vez usted esté enfrentando problemas en su matrimonio, familia, finanzas o empleo. Quizás se esté preocupando por lo que viene o pasando por un gran problema. Quiero animarle a que levante su mirada y alabe a Dios. Nos podemos regocijar en todas las temporadas y en todas las circunstancias.

En Hechos 16 vemos como Pablo y Silas durante su encarcelamiento, comenzaron a adorar y alabar a Dios. Mientras lo hacían un terremoto sacudió la cárcel. Las puertas se abrieron y las cadenas cayeron. Pablo y Silas salieron de la cárcel completamente libres.

Cuando el carcelero vio lo que estaba sucediendo, se asustó y trató de quitarse la vida. Pero Pablo y Silas estaban llenos del Espíritu y le dijeron, "No, no, no y no. Estamos todos aquí." El carcelero se arrodilló y dijo, "¿qué tengo que hacer, para ser salvo?" En aquel mismo lugar le dio su corazón a Jesucristo y más tarde esa noche, toda su familia fue salva también. Esto sucedió por el testimonio de Pablo y Silas – ellos escogieron regocijarse, aún estando en prisión. Que testimonio para nuestro diario vivir.

Caleb y yo hemos compartido con pastores y creyentes en naciones donde son golpeados y perseguidos por su fe. Sin embargo, su gozo es sorprendente. Recientemente, estuvimos con un pastor anciano, el cual había sido perseguido por predicar valientemente en una nación violenta y resistente al evangelio. Aún en medio de una nación que no tiene descanso político, en pobreza y persecución, hemos escuchado testimonios donde miles de personas han sido tocadas por el testimonio de él para Cristo.

Caleb y yo nos sentíamos tan honrados de estar ante la presencia de este hombre. Había un brillo en él. Tenía el gozo del Señor, tenía un paz que sobrepasa todo entendimiento humano. Pensé, si *él puede regocijarse, nosotros no tenemos de que quejarnos.* Que gran ejemplo fue para nosotros. Su testimonio nos dio una nueva perspectiva y nos animó a regocijarnos no importando las circunstancias.

Tal vez esté enfrentando cosas terribles, problemas o preocupaciones, pero hay poder cuando usted alaba a Dios. Hay poder cuando usted decide regocijarse, aún cuando duele, cuando no se siente bien y hasta cuando ni quiere. Ese es el gozo verdadero. Gozo que no está basado en nuestras circunstancias; se basa en nuestra esperanza y fe en Jesucristo.

¿Por qué es tan importante el regocijarnos? "El gozo del Señor es nuestra fortaleza" (Nehemías 8:10 NVI). El enemigo quiere robarnos el gozo y las fuerzas. Si puede robarnos las fuerzas, nos podrá detener de llevar a cabo nuestra asignación divina. Necesitamos fuerzas para caminar en el propósito y en los planes de Dios para nuestras vidas. Pero si perdemos nuestro gozo y nuestro sentido de propósito y fuerza, no podremos caminar para obedecer la voz de Dios. No permita que el enemigo le robe su gozo, ese gozo es su fuerza.

Es importante recordar esta verdad cuando estamos en la cima de la montaña así como cuando estamos en el valle. Recuerde, esto es cuando se le descompone el auto, se le vacía una llanta, cuando algo inesperado sucede en una relación o amistad en el lugar de trabajo. En toda situación, la Biblia nos llama a regocijarnos. Es algo que distingue a los creyentes.

Una vez mientras vivíamos en Hong Kong, tuve que recordarme a mí misma esta verdad una y otra vez. Caleb se iba para Mongolia con otros pastores a ministrar en una conferencia para pastores. La verdad es que no estaba muy animada con esa salida, a penas nos estábamos acomodando y acostumbrando a la forma de vivir en un país diferente. Él iba a estar en un lugar donde no estaba seguro cuando nos iba a poder llamar o escribirnos un correo electrónico.

Todavía ni me había lanzado a manejar al otro lado de la calle y recuerdo estar pensando, *Señor, esto va a ser un reto para mí. Voy a tener que aprender a desenvolverme en el tren con un coche y dos niños pequeños. Recuerdo orar, Señor, necesito tu gozo. Necesito fuerzas en esta temporada, porque yo se que esto es una oportunidad divina, para que Caleb le predique a pastores que tienen hambre de la Palabra. Te pido, que mientras lo despido, Tu nos des a los niños y a mí un gozo sobrenatural en esta semana, en el nombre de Jesús.*

En aquel tiempo estaba trabajando con una iglesia local en Hong Kong y estaba en el programa para dirigir la alabanza esa semana. Tomaba algo de tiempo llegar a la iglesia desde donde estábamos, así que pensé, *bueno, necesito despertar una dos horas más temprano de lo normal, para poder tomar el transporte público a tiempo.* Tenía todo fríamente calculado para esa mañana, mis hijos decidieron hacer un desorden increíble. Limpié rápidamente y salí para llegar a la iglesia.

Cuando salí por la puerta, realicé que había dejado mis llaves dentro de la casa. Estábamos afuera y el dueño de los apartamentos no tenía otra llave. No sabía como íbamos a entrar a la casa pero dije, *esta bien, voy a llegar a la iglesia, después de todo he aprendido a tener gozo aún en las circunstancias más frustrantes de la vida.*

Aunque esto no fue una prueba grande, si fue un recordatorio de como mantener mi gozo. Gracias a Dios llegamos a la iglesia y pude compartir el amor de Dios con muchas personas ese día. Personas recibieron a Cristo y fueron sanadas. Después me dije a mí misma, *Señor, si me hubiera estresado y reaccionado de una mala manera, hubiera perdido la oportunidad de compartir Tu amor con estas bellas personas hoy.*

Aquí descansa la importancia de esto. Cuando decidimos caminar en gozo durante nuestro viaje, seremos sensible a los que nos rodean y a la necesidad que tienen de esperanza y sanidad. Seremos sensibles a aquellos que necesitan saber que Jesús, es el único camino, verdad y vida. Pero si nos enfocamos en nosotros mismos y en nuestros problemas, perderemos las oportunidades divinas que están a nuestro alrededor. Podemos tener gozo aún en los momentos difíciles.

Mi mamá fue un gran ejemplo de esto durante la partida de mi papá al cielo. Ella había recibido fuerzas, porque su gozo no estaba basado en una persona; estaba fundamentado en conocer a Jesús. Cuando conocemos a Jesús, nuestra tristeza no es como la tristeza del mundo, porque tenemos la esperanza de que veremos a nuestros seres queridos un día en el cielo. Claro que extraña a mi papá, pero ella decide no quedarse en depresión. Decide salir de la cama y vivir su vida todos los días para Jesús. Escoge alabar a Dios aún en la hora más oscura.

El mayor tesoro que podemos tener está en conocer a Jesús y en compartir este increíble regalo con aquellos que están en necesidad. El gozo viene cuando alcanzamos a otros. "Que su amabilidad sea evidente a todos. El Señor está cerca" (Filipenses 4:5 NVI). La gente necesita el amor que usted tiene adentro. Y esta esperanza no nos defrauda, porque Dios ha derramado su amor en nuestro corazón por el Espíritu Santo que nos ha dado (Romanos 5:5 NVI).

El amor de Dios está en usted y el mundo lo necesita. Así que deje que su amabilidad y amor sea un ejemplo para otros. La Madre Teresa dijo esto: "Un corazón alegre es el resultado inevitable de un corazón que arde de amor. El gozo es una red de amor donde podemos alcanzar almas."

PERDÓN

Otra clave para tener gozo en nuestro viaje es escoger caminar en perdón. No importa lo que la gente nos hagan ni digan, Jesús nos llama a perdonarlos. En Marcos 11:24-25 Él nos dice que perdonemos para nuestro propio beneficio, así nuestras oraciones no tendrán estorbo.

Tal vez usted sienta que tiene todo el derecho de estar enojado con alguien por lo que ha hecho, pero lo que necesita entender, es que esto solo impedirá que sus oraciones sean contestadas.

Una de las maneras más rápidas para perder el gozo es cuando dejamos que la amargura carcoma nuestro corazón. He escuchado que la amargura es como un veneno que se toma, esperando que la otra persona muera. Cuando permitimos celos, envidias, comparaciones, conflictos, temores, heridas o amarguras entrar a nuestro corazón, perdemos nuestro gozo. Pero cuando decimos, "No, yo decido perdonar, decido caminar en amor por todo lo que Jesús me ha perdonado," el gozo llena su corazón.

Hay libertad cuando decidimos perdonar. Cuando comencemos a darle gracias a Dios por todo lo que Él ha hecho por nosotros y decidamos perdonar a los que nos han herido, entonces caminaremos en un espíritu de gozo. Y ese gozo nos da fuerza.

EL ÁRBITRO DE LA PAZ

"No se inquieten por nada; más bien, en toda ocasión, con oración y ruego, presenten sus peticiones a Dios y denle gracias" (Filipenses 4:6 NVI). Yo no conozco todo lo que está sucediendo en su vida o que decisiones tenga que tomar concerniente a su futuro. Pero en lugar de meditar en las preocupaciones que tiene, déjeselas al Señor. Dondequiera que se encuentre en este momento, haga un alto y diga, *Señor, necesito Tu sabiduría. Necesito Tu dirección. Te doy mi vida y mi futuro. Señor pido Tu provisión, dirección y paz.*

Algunas veces, me ayuda visualizarme entregándole mis cargas a Dios mientras oro de esa manera. Cuando comenzamos a hacer esto y a tener confianza en nuestras oraciones, la paz vendrá a nuestro corazón. "Ésta es la confianza que tenemos al acercarnos a Dios: que si pedimos conforme a su voluntad, él nos oye. Y si sabemos que Dios oye todas nuestras oraciones, podemos estar seguros de que ya tenemos lo que le hemos pedido" (1 Juan 5:14-15 NVI).

La Biblia dice que la oración del justo es poderosa, efectiva y puede mucho. Usted ha sido justificado por la sangre de Jesús. Usted puede tener confianza en Su Palabra y en Sus promesas para suplir y darle las respuestas que necesita. Así que pida en confianza. Luego, tome tiempo para esperar y preguntar, *Señor, ¿que pasos quieres que tome?*

Yo creo que Dios enviará sabiduría, estrategias e ideas creativas a su corazón. El Señor le da sabiduría a los que la piden, así que usted puede pedir en fe creyendo y con la seguridad de que Él está escuchando. Recibirá lo que pida cuando lo haga de acuerdo a Su voluntad.

La otra parte del capítulo 4 dice "Y la paz de Dios, que sobrepasa todo entendimiento, cuidará sus corazones y sus pensamientos en Cristo Jesús" (Filipenses 4:7 NVI). La gente está desesperada por la paz. La buscan en todas partes del mundo tratando de encontrar aunque sea un poco de ella para sus mentes. Algunos viajan largas distancias, otros se van a países o a destinos especiales para vacacionar buscando esa paz. Tratan de encontrarla en la meditación transcendental, en píldoras, drogas, tragos y hasta en otras personas.

La verdadera paz se encuentra solo en Jesús. Él es el Príncipe de Paz. Esa paz que se encuentra cuando le rendimos nuestra vida y dejamos todas nuestras cargas diciendo, *Dios mi vida es Tuya, confío que estás trabajando todas las cosas para mi bienestar.* "Dejen que la paz (armonía que proviene) de Cristo gobierne (actúe como un árbitro continuamente) en sus corazones [confirmando y sellando todas las preguntas que vengan a sus mentes, en ese estado de paz]. Pues, como miembros de un mismo cuerpo, ustedes son llamados a vivir en paz. Y sean siempre agradecidos, [dando alabanza a Dios siempre]" (Colosenses 3:15 AMP, versión del inglés traducida literalmente).

Note que esta versión dice, "Dejen que la paz de Dios actúe como un árbitro." El árbitro en un juego de béisbol es el que decide las jugadas. Dice quién está a salvo o no. De la misma forma, la paz de Dios debe ser la que decida las jugadas en nuestras vidas. Tenemos que dejar que Su paz divina nos dirija proveyendo sabiduría en que debemos y no debemos hacer. Necesitamos tomar la decisión de rechazar la duda, temor y otras cosas en nosotros que puedan contaminar nuestra mente y corazón. Luego decidir caminar en paz, sabiduría y en la dirección de Dios.

Siempre que perdamos la paz, la cual funciona como un indicador divino, necesitamos sacar tiempo a solas con Dios y decir, *¿Cual es Tu sabiduría para esta situación? Muéstrame que debo hacer diferente, dame Tu dirección. Quiero que solamente Tu paz me dirija y que solo Tu tengas la última palabra en las jugadas de mi vida. Eres el árbitro de mi corazón. Tu eres el que me gobiernas porque eres el Señor de mi vida.*

Hay momentos donde a todos simplemente se nos escapa esto. Yo personalmente he perdido la paz y he tenido que decir, *Dios ayúdame, necesito volver a entrar en Tu paz, voluntad, plan y sabiduría divina.*

Permita que la paz de Dios guarde su mente y corazón en Cristo Jesús. Pablo nos dice como podemos mantener esa paz gobernando en nuestros corazones. "Por lo demás, hermanos, todo lo que es verdadero, todo lo honesto, todo lo justo, todo lo puro, todo lo amable, todo lo que es de buen nombre; si hay virtud alguna, si algo digno de alabanza, en esto pensad" (Filipenses 4:8).

Decida pensar en lo que Dios dice acerca de su vida, situación, familia, finanzas ect... Solo entonces encontrará la paz. "Concentren su atención en las cosas de arriba, no en las de la tierra" (Colosenses 3:2 NVI). Obviamente, todos tenemos quehaceres cotidianos temporeros, pero lo que esto nos está diciendo, es que no podemos fijar nuestra atención solamente en lo natural. Necesitamos concentrarnos en las cosas de arriba. Es allí donde Cristo está y nuestras vidas están escondidas en Él.

Una vez estuve aconsejando a una joven que luchaba con pensamientos depresivos y suicidas. Ella me dijo, "Bueno los pensamientos vienen, entonces significa que es lo que debo hacer. Después de todo, yo no controlo lo que viene a mi mente." Le dije, "No, eso no es cierto. Aún cuando esos pensamientos vienen, tu tienes la habilidad de cambiarlos y meditar en lo que la Palabra de Dios dice acerca de ti. Mientras más renuevas tu mente con Sus pensamientos, podrás ver como no regresan." Tenemos el poder de hacer que todo pensamiento se someta a la obediencia de la Palabra de Dios (2 Corintios 10:5). Podemos tomar autoridad sobre los pensamientos e imágenes que tratan de venir a la mente acerca de nuestra vida.

Compartía esta verdad en una conferencia de mujeres en Hong Kong, cuando después del sermón se me acercó una mujer. Estaba agotada y dijo, "No puedo dormir, estoy tan atormentada. Veo como espíritus demoniacos entran y salen de mi habitación." Comencé a indagar y descubrí que había estado envuelta en la adoración a sus ancestros, lo cual es muy común en esa parte del mundo. Así que le dije, "Necesitas rehusar a esa antigua forma de vivir. Necesitas hacer de Jesús el Señor de tu vida y ser limpiada con Su sangre, lo puedes hacer en este mismo momento."

Oramos y recibió a Jesús como su Señor y Salvador, renunció a su pasada manera de vivir. Luego compartí con ella lo que dice 1 Juan 4:4, "...porque mayor es el que está en vosotros, que el que está en el mundo." También le recordé que el Espíritu de Dios en su vida era más grande que esos espíritus demoniacos que la atormentaban, así que tenía que ordenarles que se fueran y la dejaran tranquila. Necesitaba declarar la Palabra de Dios. Salmos 4:8 dice, "En paz me acostaré, y asimismo dormiré; Porque solo tú, Jehová, me haces vivir confiado." Podemos tener dulces sueños y descanso. Es una promesa de Dios.

La próxima vez que la miré, ni la reconocí. Se veía descansada y radiante. Me dijo, "Desde aquel día estoy durmiendo, no he visto más malos espíritus, los he estado reprendiendo." Inmediatamente pensé, *esto trabajará en cualquier cultura, en cualquier situación.* ¡La Palabra de Dios trabaja!

Usted puede tomar cautivo todo aquello que le esté deteniendo y decir, *No, no viviré en temor, no seré atormentado (a). Tal vez tenga mucho en mi plato en esta nueva temporada de mi vida, pero no temeré.* Comience a declarar la perfecta paz. Usted puede hacer todo lo que Dios le ha llamado a hacer en esta temporada, a través de la fuerza y la gracia de Dios. Él le ha equipado para hacer todo lo que tiene que hacer, "Todo lo puedo en Cristo que me fortalece" (Filipenses 4:13). Cuando llegue el momento, recibirá la paz, valentía y fuerzas que necesita. Confíe en Él.

Usted puede tener gozo en este viaje mientras escoja regocijarse en todas las temporadas, caminando en amabilidad y amor hacia otros, decidiendo no preocuparse y orando por todo. Entonces la paz de Dios gobernará y reinará en su mente y corazón. Cuando vivimos de acuerdo a lo que el Apóstol Pablo escribió inspirado por el Espíritu Santo, caminaremos con gozo en nuestro viaje. Recobre ánimo hoy, Dios está con usted y le está dirigiendo. Déjele sus cargas, sabiendo que le está guiando en todas las áreas de su vida. Confíe en Su tiempo, Dios es Fiel, Él ha prometido hacerlo todo hermoso en Su tiempo.

12
CONTINÚE

"Así que no pierdan la confianza, porque ésta será grandemente recompensada. Ustedes necesitan perseverar para que, después de haber cumplido la voluntad de Dios, reciban lo que él ha prometido... Pero nosotros no somos de los que se vuelven atrás y acaban por perderse, sino de los que tienen fe y preservan su vida."

Hebreos 10:35-36, 39 NVI

Mi hijo Isaac recibió una bicicleta nueva para las navidades el año pasado. La que tenía, era para niños pequeños y llevaba meses pidiendo una para "niños grande." Cuando lo llevamos afuera para correrla por primera vez, bajamos una cuesta grande que había frente a nuestra casa. Estaba sumamente emocionado hasta que tuvo que regresar cuesta arriba para llegar a la casa.

Era una cuesta bastante empinada y empezó a desanirmarse. A medio camino soltó su bicicleta y comenzó a llorar diciendo, "¡No puedo hacerlo!" Estaba listo para dejar su bicicleta nueva en el camino – *la misma que había estado pidiendo por meses*. Comencé a animarlo, "Isaac, no te rindas, tu puedes. Eres más fuerte de lo que te imaginas y yo estoy aquí para ayudarte." Me fui al otro lado y agarré la bicicleta y comenzamos a empujarla juntos. Una vez que llegamos a arriba, su cara mostraba alegría al ver que su papá lo estaba animando.

Muchas veces en nuestras vidas, tenemos un sueño frente a nosotros – una promesa de Dios – pero nos queremos rendir. Por una u otra razón, parece imposible continuar. Las circunstancias y problemas se miran muy grandes para que nuestro sueño se haga una realidad. Pero no podemos rendirnos antes del cumplimiento. "No nos cansemos de hacer el bien, porque a su debido tiempo cosecharemos si no nos damos por vencidos" (Gálatas 6:9 NVI).

Me gusta lo que dice Jentezen Franklin en su libro, Take a Hold of Your dreams (Eche mano de su sueño). "Debemos realizar que los sueños y visiones de Dios pasan un proceso de nacimiento, muerte y resurrección. Dios usa este proceso para refinarnos y santificarnos, para que cuando se realicen sea Él el que se lleve la gloria. Recuerde la historia de José en Génesis 37. José soñó que era un líder, sin embargo pasó unas dificultades horrorosas. Fue traicionado, acusado falsamente, encarcelado y olvidado. Aún cuando se miraba que toda esperanza estaba perdida y su sueño había muerto, él tomó la decisión de no rendirse y confiar en Dios."

Santiago 1:2-4 RV dice, "Hermanos míos, tened por sumo gozo cuando os halléis en diversas pruebas, sabiendo que la prueba de vuestra fe produce paciencia. Mas tenga la paciencia su obra completa, para que seáis perfectos y cabales, sin que os falte cosa alguna."

Piense en el proceso de un diamante. Antes de que brille, se forma mientras está expuesto a temperaturas extremas de calor y presión, causando que los átomos de carbón se cristalicen. La presión acumulada causa erupciones volcánicas que sacan el diamante después de muchos años. A veces los sueños que Dios ha puesto en nosotros pasan un proceso de prueba similar. Pero mientras mantenemos nuestros ojos en Jesús y le permitimos que opere Su voluntad en nuestras vidas, saldremos brillando para Su gloria.

No se rinda en el proceso que Dios le tiene. Puede que sea diferente al proceso de alguien más, pero mientras sea obediente a Él, usted verá el propósito de lo que Él está haciendo en su vida.

Piense en la oruga. Cuando la oruga está en el capullo, pasa un proceso para transformarse en una mariposa. Cuando es el tiempo de salir, tiene que batallar. Sino lucha para salir, no tendrá las fuerzas que necesita después para volar. En nuestras vidas, nos podemos sentir como que las pruebas y tribulaciones que estamos enfrentando están ahí para detener nuestro destino. Pero Dios puede tornar esta cosas para nuestro beneficio si confiamos en Él.

Otro ejemplo es el árbol chino de bambú. Después que se siembra la semilla, usted no ve nada por los primeros cinco años. Esa semilla tiene que regarse con agua consistentemente y luego en algún momento durante el quinto año, florece y crece hasta 90 pies en seis semanas. Algunos dirán, *increíble, eso creció de la noche a la mañana*. Pero no es verdad. Por cinco años, esa semilla estuvo creciendo y fortaleciendo sus raíces debajo de la tierra.

Nuestra vida es muy parecida al proceso de una semilla cuando es plantada. Usted tal vez no vea resultados de la noche a la mañana, pero si se mantiene firme, consistente y paciente pronto los resultados serán puestos en evidencia. Vivimos en una sociedad que está acostumbrada a resultados instantáneos y por lo mismo es difícil para las personas ser pacientes. Continúe buscando primeramente a Dios y confiando en Su tiempo.

Hay momentos en que todos queremos rendirnos, pero obtendremos una gran recompensa si perseveramos y continuamos.

¿Qué es lo que Dios le ha hablado? ¿Cual es la asignación sobre su vida? Mantenga la fe, no se rinda.

A través de toda mi vida, han habido muchas ocasiones donde me he querido rendir en medio del proceso porque no he estado viendo resultado inmediatos. Cuando era una estudiante universitaria a tiempo completo y estaba trabajando como pastora de niños y adolescentes en mi iglesia, hubieron muchísimas ocasiones en las cuales quise renunciar. No siempre fue fácil. No estaba segura si estaba viendo el fruto en la vida de los jóvenes que estaba ministrando. Pero Dios me recordó que estaba sembrando semillas que producirían una cosecha.

Muchos años después, tuve jóvenes contactándome por cartas o llamadas telefónicas, diciéndome lo agradecidos que estaban por haber hablado a sus vidas. Yo se, que si no hubiera sido fiel en lo que Dios me tenía en aquel momento, no estuviera haciendo lo que estoy haciendo hoy.

Muchas veces tenemos que continuar y perseverar a través de los retos y tormentas porque hay personas al otro lado. Su sueño no se trata de usted; se trata de la gente en la cual usted será una influencia para el Reino. Heredamos las promesas de Dios a través de la fe y la paciencia (Hebreos 6:12).

Cuando usted permanece en Dios y deja que le haga "crecer" Él abrirá nuevas avenidas y aventuras para que usted camine. Recuerdo la primera vez que llevamos a nuestros hijos a Disney World. Isaac quería montarse en un carro de carreras, pero cuando llegamos al portón, descubrimos que era muy bajito para montarse en esa atracción. Le dijimos que el año entrante tendría la estatura para montarse y que lo íbamos a traer.

Dicho y hecho, el próximo verano llegó y nos recordó la promesa que le habíamos hecho el año anterior. Cuando llegamos a Disney World, fuimos directamente a la misma atracción. Esta vez cuando lo midieron tenía la estatura para poderse montar. ¡Estaba feliz! Había esperado y crecido lo suficiente para poder experimentar finalmente aquella emoción. De la misma forma, siempre y cuando le permitamos a Dios trabajar en nuestras vidas, creceremos en nuestro caminar con Él y tendremos nuevas puertas de oportunidades abiertas para nosotros.

NO SE BAJE DEL MURO

En la Biblia hay una historia de un hombre llamado Nehemías. Nehemías escuchó que el muro de su amada ciudad, Jerusalén, estaba derribado y sus puertas quemadas. Cuando escuchó esto lloró, oró y ayunó. Luego le preguntó a Dios que debía hacer.

Los judíos estaban en el exilio y Nehemías estaba viviendo en Susa. Compareció frente al rey para pedirle que le autorizara regresar a su ciudad y restaurar el muro. El rey le dio el permiso, así que regresó y juntó a los judíos pidiéndoles que se unieran y lo ayudaran en la reconstrucción. Le asignó a cada persona una posición en el muro (Nehemías 3). Habían plateros, mercaderes y sacerdotes los cuales tomaron su lugar para trabajar.

Desde el comienzo, hubieron aquellos que criticaron y se burlaron de Nehemías y de la gente de Jerusalén. Sus nombres eran Sanbalat, Tobías y Gesén. Estos tres ridiculizaron a Nehemías y conspiraron para crear problemas en contra de Jerusalén. La gente de Jerusalén tenían que construir con el martillo en una mano y con la espada en la otra, tenían que estar alertas por los que querían atacarlos mientras trabajaban.

La oposición trató de manipularlos y distraerlos de su propósito, pero Nehemías no se bajó del muro. Estoy segura que hubieron ocasiones donde Nehemías y sus hombres se sintieron débiles, pero continuaron y completaron el muro en 52 días. (Nehemías 6:15-16). ¡Fue una hazaña maravillosa! Esta es la historia donde encontramos la famosa escritura, "El gozo del Señor en nuestra fortaleza" (Nehemías 8:10). Nehemías y el pueblo de Israel experimentaron en carne propia la revelación de esta palabra.

Mientras sigue su sueño y trabaja en el área que Dios le ha llamado, habrán esos "Sanbalat y Tobías" que se burlarán de usted ridiculizándole. También estarán aquellos que no entenderán lo que Dios le ha llamado a hacer o que simplemente no creen en Dios. Pero no se baje del muro Dios le ha llamado a edificar.

Llevo en el corazón una canción de esta historia que mi mamá escribió. Y dice así, *"No te bajes del muro, estás edificando para el Señor. No te bajes de la oración ni de la Palabra de Dios. Aunque el enemigo ruja y se burle de ti, tratando de que te rindas. No te bajes porque terminarás tu trabajo y tu fe será engrandecida."*

QUÉDESE EN SU PUESTO

No deje que el enemigo le distraiga de su propósito, necesitamos que se quede en su puesto. Necesitamos que todas las partes del cuerpo de Cristo hagan su función para alcanzar la cosecha.

> *"Nuestro trabajo como siervos de Dios es reconocido – o no – en los detalles. Hay gente mirándonos mientras permanecemos en nuestros puestos en alerta sin fluctuar... en tiempos duros, difíciles y malos; cuando hemos sido azotados, encarcelados y abatidos; trabajando duro, hasta tarde, sin comer; con un corazón puro, mente clara, mano firme; en*

mansedumbre, santidad y amor honesto; cuando decimos la verdad y cuando Dios muestra Su poder; cuando estamos haciendo lo mejor que podemos poniendo las cosas en orden; cuando somos elogiados y cuando nos culpan; difamados y honrados; fieles a nuestra palabra aún cuando tenemos sospecha; ignorados por el mundo, pero reconocidos por Dios; formidablemente vivos, aunque se rumora que estamos muertos; golpeados a una pulgada de vida; pero rehusando morir; sumergidos en lágrimas, sin embargo siempre llenos de un gozo profundo; viviendo de ayudas financieras, sin embargo enriqueciendo a otros; teniendo nada, teniéndolo todo."

2 Corintios 6:1-10 MSG traducido literalmente del inglés

Sea fiel donde Dios le tiene en este momento porque es la preparación de su futuro. Sea fiel a lo que Dios le ha asignado hacer en esta temporada. Todavía recuerdo cuando mi papá me compartió acerca de como empezó en el ministerio, tenía grande sueños y visiones de como quería hacer una diferencia para Jesús. Un día, vino al Señor lleno de frustración porque las cosas no se estaban dando con la rapidez que él había pensado y el Señor le habló diciendo, "Estoy más interesado con lo que estoy haciendo EN TÍ de lo que puedo hacer A TRAVÉS DE TI. Estoy construyendo un roble."

Dios le estaba enseñando y comparándolo al proceso como cuando se siembra un roble, se riega y se espera a que las raíces crezcan para ver un árbol fuerte. Confíe lo que Dios está haciendo en usted. Él le preparará para lo que desea hacer a través de su vida.. Un árbol de roble no crece de la noche a la mañana; su crecimiento es contínuo.

Entienda la importancia de establecer un fundamento ahora para su futuro mañana. Un buen ejemplo sobre esto es el edificio de las torres de CityPlex en Tulsa. Una de la torres es de 60 pisos, otra de 30 y la otra de 20. Estas tres torres están una al lado de la otra. Cuando comenzaron a construir estos edificios, pusieron vigas en la tierra de acuerdo a la altura de cada edificio. Tomaron su tiempo para asegurarse que la base o el cimiento era lo suficientemente seguro para soportar el clima de Tulsa. De hecho, tomaron más tiempo en construir los cimientos que el mismo edificio.

La preparación nunca debe ser considerada como tiempo perdido. Las semillas que usted siembra hoy traerán cosecha mañana. Me fascina como lo dice John Maxwell, "Muchas personas sobreestiman el mañana y subestiman el hoy. Ellos sobreestiman el momento de grande logros pero subestiman el proceso que toma para que llegar."

Es muy fácil compararnos con otros y el proceso en donde se encuentran. Pero entienda que Dios tiene un plan específico solo para usted. No permita que nada lo detenga de lo que Dios le ha llamado a hacer. No deje que las circunstancias le priven de llevar a cabo el plan de Dios para su vida. Tenemos que vestirnos de fuerza mientras meditamos en Su Palabra, sacudiéndonos las mentiras del enemigo y corriendo la carrera que Dios ha puesto delante de nosotros. No se rinda. ¡Eche mano de ese sueño que Dios le ha dado!

LA META FINAL

Cuando estaba en el 6to grado, entré al equipo de baloncesto para niñas de mi escuela. No porque me gustaba, sino porque a mi papá le gustaba y quería complacerlo. No sabía mucho sobre el juego o las reglas, pero me presenté al primer juego con mi camiseta pensando puedo "inventármelas."

Los chicos del 6to grado habían jugado antes que nosotras y Caleb (ahora mi esposo) era la estrella del equipo. Había anotado más puntos que cualquier otro. Cuando llegó mi turno para jugar, cientos de fanáticos estaban en las gradas esperando un buen juego. Recuerdo estar sentada y a mitad del juego, el entrenador me llamó para que entrara a jugar. El corazón se me quería salir por la boca, mientras corría al medio de la cancha. Pensé, *si solamente corro hacia delante y hacia atrás, parecerá que se lo que está pasando aquí.*

De repente, me tiraron la bola. Lo único que sabía hacer era correr tan rápido como pudiera para llegar a la meta y tratar de anotar. Estaba sorprendida de lo abierto que estaba el camino mientras corría a la canasta. Pero seguí corriendo y encesté. Estaba feliz, brincaba y gritaba. Yo misma estaba sorprendida de haber encestado.

Pero miré a mis compañeras y realicé que había cometido un grave error. Nadie estaba aplaudiendo (solo los fanáticos del otro equipo). Había anotado para el otro equipo. Yo no tenía idea de cual era la meta a la que debía ir. Estaba devastada, mientras mis compañeras se reían de mí. Pero claro, mi abuelita que estaba allí, fue muy noble al darme unas palmaditas de aliento en la espalda, pero todo lo que yo quería hacer era agachar la cabeza y salir lo más pronto posible de allí. ¡Gracias a Dios que Caleb no se casó conmigo por mis destrezas en el baloncesto!

El propósito de esta historia es que usted realice, que muchas veces podemos estar para delante y para atrás en el "juego de la vida," apuntando a la meta equivocada. Tal vez sea la meta de complacer a la gente, tener cierta imagen o simplemente enfocándonos en lo pasajero. Si estamos apuntando a una de estas metas, cuando lleguemos al final de nuestras vidas, realizaremos que de eso no se trata la vida.

Cuando nos movimos por primera vez a Hong Kong, Dios trajo esta experiencia a mi mente. Estaba caminando para ir al mercado preocupada por las decisiones que tenía que tomar. Luego Dios me preguntó, *"Sarah, ¿a quién estás tratando de complacer? ¿Cual es tu meta, es complacer a tu papá o a alguien más? ¿Estás tratando de crear un nombre para ti misma? ¿O es tu meta ser obediente a mi y alcanzar a las personas con mi amor?*

> *Por eso nos empeñamos en agradarle... El amor de Cristo nos obliga, porque estamos convencidos de que uno murió por todos... para que los que viven ya no vivan para sí, sino para el que murió por ellos y fue resucitado.*
> 2 Corintios 5:9,14-15 NVI

Cuando vivimos con la perspectiva de la eternidad, ya no tememos miedo a lo que la gente piense de nosotros. Vivimos para agradar a Dios y darlo a conocer en la tierra. "Así que no nos fijamos en lo visible sino en lo invisible, ya que lo que se ve es pasajero, mientras que lo que no se ve es eterno" (2 Corintios 4:18 NVI).

Ahora es el tiempo de despertar y levantarse a su asignación divina. Usted tiene un trabajo que hacer para el Reino de Dios. Así que no permita que el temor, amargura o tragedia de su pasado le priven de cumplir el propósito que Dios tiene para usted. Tome las fuerzas de Dios, sacúdase las mentiras del enemigo y comience a usar lo que Dios ha puesto en su mano.

Mientras usted ofrece a Dios lo que está en su mano, Él hará cosas extraordinarias a través de su vida. Recuerde, viaje con poco equipaje, confíe en Su tiempo y disfrute el viaje. Dios es Fiel para cumplir lo que comenzó en usted, así que nunca se rinda. ¡Este es el tiempo de levantarse a su asignación divina!

NOTAS

Capítulo 2
1. A Deeper Level, Whitaker House (Publisher), New Kensington, PA 2007, Page. 118.

Capítulo 6
1. Story by Peter Marshall
2. (W.E. Vine, Vine's Complete Expository Dictionary of Old and New Testament Words. Nashville: Thomas Nelson Publishers, 1996. Page 524).

ORACIÓN PARA SALVACIÓN

Ha sido mi oración que mientras leyera este libro, recibiera una mayor revelación del amor que Dios tiene para usted. No importa quién sea, ni cual haya sido su pasado, Él le ama tanto, que dio a Su único y amado hijo por usted. La Biblia nos dice "...para que todo aquel que en él cree no se pierda más tenga vida eterna" (Juan 3:16 RV). Jesús entregó Su vida y resucitó para que usted pudiera pasar la eternidad en el cielo con Él y experimentara lo mejor de Él en la tierra. Si desea recibirlo en su vida, haga esta oración en voz alta con todo el corazón.

Padre celestial, vengo a Ti reconociendo que soy pecador. En este momento tomo la decisión de apartarme del pecado y pedirte que me limpies de toda injusticia. Yo creo que tu Hijo Jesús murió en la cruz para borrar mis pecados. También creo que se le levantó de entre los muertos para yo pudiera recibir perdón y ser hecho justicia a través de mi fe en Él. Lo hago Salvador y Señor de mi vida. Decido seguirte y te pido que me llenes con el poder del Espíritu Santo. Declaro que en este momento soy un hijo de Dios. Soy libre del pecado y estoy completamente lleno de Su justicia. Soy salvo en el nombre de Jesús. Amén.

PARA LOS NIÑOS

Cuando Dios habló a mi corazón para que escribiera este libro en enero del 2012, yo sabía que el propósito del mismo no era solo para despertar el cuerpo de Cristo a su asignación, sino también para los hijos que Dios nos ha llamado a rescatar en otras naciones. Él habló a mi corazón, "Escribe para los niños." Como he compartido en el libro, nosotros establecimos una organización, Hope for Children (traducido Esperanza para Niños), con la misión de edificar orfanatos, ofrecer ayuda a las casas que rescatan víctimas del tráfico humano, construir pozos de agua potable y proveer programas de comida para niños en Asia. Las ganancias de este libro irán a los fondos iniciativos de Hope for Children alrededor del mundo.

¡Juntos estamos haciendo la diferencia!

ESPERANZA
PARA NIÑOS

Hope for Children (Esperanza para Niños) existe para ayudar con las necesidades espirituales y físicas de niños que sufren en varios lugares alrededor del mundo.

INSPIREINTERNATIONAL**INITIAVES**

- ORFANATOS

- POZOS DE AGUA

- DISTRIBUCIÓN DE ALIMENTOS

- APOYANDO HOGARES DE RESCATE PARA VÍCTIMAS DEL TRÁFICO HUMANO

www.inspireintl.com

www.ingramcontent.com/pod-product-compliance
Lightning Source LLC
LaVergne TN
LVHW051607070426
835507LV00021B/2814